CB139962

LIMIARES DA IMAGEM

TECNOLOGIA E ESTÉTICA
NA CULTURA CONTEMPORÂNEA

LIMIARES DA IMAGEM

TECNOLOGIA E ESTÉTICA NA CULTURA CONTEMPORÂNEA

Antonio Fatorelli
Fernanda Bruno
organizadores

Mauad X

Copyright @ by Antonio Fatorelli e Fernanda Bruno (orgs.), 2006

Direitos desta edição reservados à
MAUAD Editora Ltda.
Rua Joaquim Silva, 98, 5º andar
Lapa — Rio de Janeiro — RJ — CEP: 20241-110
Tel.: (21) 3479.7422 — Fax: (21) 3479.7400
www.mauad.com.br

Projeto Gráfico:
Nucleo de Arte/Mauad Editora

CIP-BRASIL. CATALOGAÇÃO-NA-FONTE
SINDICATO NACIONAL DOS EDITORES DE LIVROS, RJ.

L712
Limiares da imagem: tecnologia e estética na cultura contemporânea / Antonio Fatorelli, Fernanda Bruno (orgs.). - Rio de Janeiro: Mauad X, 2006

il.
Inclui bibliografia

ISBN 85-7478-203-3

1. Imagem (Filosofia). 2. Comunicação visual. 3. Comunicação digital. 4. Comunicação de massa e tecnologia. 5. Cultura - Modelos semióticos. I. Fatorelli, Antonio. II. Bruno, Fernanda.

06-4001. CDD 302.23
CDU 316.77

Sumário

Introdução

Fernanda Bruno e Antonio Fatorelli

Limiares da imagem. A noção de limiar recobre diferentes sentidos que nos conduzem a percorrer o domínio da imagem, problematizado pelos artigos aqui reunidos. Primeiro limiar: início, começo, advento. Talvez todo presente, mas sem dúvida o nosso, com singular intensidade, apreende e experimenta a si mesmo como um momento que ao mesmo tempo produz e testemunha o começo, o advento de algo. No âmbito da imagem, o advento dos processos e tecnologias de digitalização e modelização numérica anuncia a emergência de novos regimes estéticos, cognitivos, escópicos, subjetivos, maquínicos. Mas se as imagens de natureza digital marcam um limiar, um início, tal não deve ser entendido como um ponto de ruptura e superação absolutas, mas como um processo que recoloca em transformação o estatuto da imagem em nossa cultura e que faz diferir nossos modos de ver, pensar, sentir, viver e criar imagens. Este primeiro limiar trata, portanto, do advento das imagens digitais, o qual é questionado, provocado e explorado de distintas maneiras em diversos artigos deste livro[1].

[1] Os artigos reunidos nesta coletânea foram originalmente apresentados no Ciclo de Conferências "Novas Fotografias, Novas Tecnologias", que integrou o *Encontro Internacional de Fotografia do Rio de janeiro – FotoRio*, sediado na Escola de Comunicação da UFRJ, em junho de 2005. Na organização deste evento, contamos com a inestimável colaboração de Ricardo Naufel, Gabriela Carrera, Theo Fellows, Eric Macedo, Fernanda Rabelo, Matheus Ramalho e Rony Maltz.

Antonio Fatorelli delineia em seu artigo o cenário instável e precário de passagens, no trânsito entre a cultura analógica e a cultura digital. Elege para análise três imagens que se situam a meio caminho, no "entre-dois" conceitual e histórico das práticas analógicas e das virtualidades digitais. São elas: *Revenge of the Gold Fish*, de Sandy Skoglund (1981); *Double Stark Portrait in Swirl*, dos gêmeos Doug e Mike Starn (1985/86) e um conjunto de trabalhos de Rosângela Rennó, realizados na década de 1980. Tais imagens, identificadas segundo uma perspectiva historiográfica como pós-fotografia ou fotografia expandida, são analisadas na sua "inquietação sintomática", própria à cultura digital: imagens que reconfiguram os limites do "fotográfico" e fazem ver além do imediatamente visível, associando vários estratos temporais e espaciais. **Thomas Y. Levin**, por sua vez, explora a transição histórico-midiática marcada pelo advento da imagem digital em movimento. Ressalta, sobretudo, o seu caráter heterocrônico, suas temporalidades múltiplas, geralmente resultantes de intervenções pós-produção, que se tornam uma condição estético-semiótica central na atual episteme da imagem em movimento. Rompe-se, assim, com a suposição de homogeneidade temporal do campo visual para fazer emergir uma dinâmica temporal não mais entre, mas dentro das imagens da mídia contemporânea. A leitura das imagens digitais, que tanto desconcertam nossos referenciais representacionais, impõe que se questione o regime temporal nelas implicado.

Mas a temporalidade das imagens não inquieta apenas a produção digital presente, como também a fotografia, no limiar da experiência moderna. **Mauricio Lissovsky** investiga a relação disjuntiva entre o fotógrafo e o instante que caracteriza o trabalho de diferentes fotógrafos modernos. Na concepção clássica, a relação entre o fotógrafo e o instante é marcada pela espera que precede o clic, uma disposição singular que confere ao tempo presente, ao que se *a-presenta*, e à espera ou à espectação por parte do fotógrafo, um lugar central, de importância decisiva, como manifesto nas *performances* de Sebastião Salgado, Diane Arbus, Cartier-Bresson e August Sander. "Para muitos fotógrafos modernos, no entanto, o presente, como território de atualização do instantâneo fotográfico, foi motivo de inquietação". As obras de Bill Brant, Walker Evans, Robert Frank, William Klein e Lee Friedlander "estão marcadas por essa busca de despresentificação da fotografia", e se constituem em "modos distintos de não-coincidência entre fotógrafo e instante". Liberada do seu condicionamento ao presente, a temporalidade que emerge destas relações diferenciais com o instante exibe as inconsistências do próprio tempo, suas fissuras, suas dobras e sua reversibilidade, proporcionando a "apreensão do pré-fotográfico em estado puro, da apresentação bruta da matéria informe sobre a qual a *expectação* trabalha, da duração como lugar onde a fotografia ganha sua forma". Circunstância que nos lança, na acepção do filósofo Gilbert Simondon, neste lugar, onde os "caminhos não pré-existem à ação, contemporâneos de uma individuação nascente, antes que ela tenha curso".

Um dos problemas centrais recolocados pela cultura digital concerne à referencialidade da imagem e sua função representacional. **Ivana Bentes** nos apresenta o caráter autoprodutivo das imagens digitais, aproximando-as dos modos de produção do vivo, tal como pensados por Gilbert Simondon segundo as noções de morfogênese e de topologia. As imagens de síntese são "imagens vivas" que "se autoproduzem do interior, numa espécie de gênese maquínica que simula a gênese físico-biológica do ser vivo". No "teatro da individuação", a morfogênese das imagens sintéticas se assemelha à ontogênese dos organismos vivos. Desta autoprodução decorre uma nova topologia, "sem exterioridade", pois tais imagens constituem e são constituídas por um espaço que não está aí, que não precisa existir *a priori*. Cabe, assim, interrogar se as imagens digitais não habitariam o "lugar nenhum" da simulação e anunciariam a conquista do "tempo nenhum" da ubiqüidade, da simultaneidade, da instantaneidade. **Victa de Carvalho**, na sua análise do papel do dispositivo na experiência imersiva contemporânea, reconhece aí um modelo de visualidade paradoxal que implica um alargamento de real, uma mais-realidade que se define em dois sentidos: a transformação de experiências sensíveis não-visuais em formas visíveis (como a respiração convertida em formas visuais computadorizadas na obra *Coexistence,* de Rebecca Allen (2001)) e a indiscernibilidade entre realidade e representação, entre verdadeiro e falso. Nos dois casos, não há estímulo, objeto, referente ou real que preexistam à imagem e à experiência nela implicadas. Os dispositivos imersivos, tal como explorados por Victa, são postos em evidência e não pretendem duplicar ou reproduzir o real. Ao contrário, eles explicitam a artificialidade da realidade construída, inibindo qualquer realismo e tornando coexistentes realidades incompossíveis. A imagem só se constitui ao longo da relação com o dispositivo, de forma auto-referente. Tanto a obra quanto a experiência que se faz dela, ou melhor, nela, só existem no tempo e no âmbito do dispositivo, nem antes nem depois, nem aquém nem além, e ao mesmo tempo potencializam a sua virtualidade, redimensionando as possibilidades estéticas e os modos de ser da imagem.

A ruptura com associações remissivas também é apontada por **Fatorelli**, no plano do confronto com o imaginário fotográfico convencional. O autor mostra como a imagem explicita a sua condição de artefato visual na obra de Skoglund (1981), sem nenhum compromisso com uma realidade história anterior que possa lhe atribuir um sentido. Tal imagem absolutamente presente não se furta à função testemunhal, na medida em que registra a presença de objetos na frente da câmera, mas Fatorelli chama atenção para a singularidade desse testemunho, uma vez que a realidade presente na imagem é antes onírica que verossímil, antes ficcional que real. Aqui é a própria realidade que se encontra convertida em artefato visual, confundindo mais uma vez imagem e referente. Já **Thomas Y. Levin** apresenta em seu ensaio uma nova forma de referencialidade ou indicialidade, própria à era da imagem digital em movimento, marcada pela heterocronia. Deste modo, em vez de supor a eliminação total da indicialidade na imagem digital, propõe um deslocamento quanto ao local de sua fundação indexada: este não está mais no plano visual e fotoquímico, cuja referencialidade é cada vez menos confiável, mas, sim, no plano temporal. Doravante, é o tempo "instantâneo" ou "real", não-editado, que cumpre essa função de indexação. "Na realidade, o que é tão "real" sobre o chamado "tempo real" é, precisamente, que ele permanece impermeável à heterocronia".

Luiz Alberto Oliveira recua a Platão, passa por Maquiavel para avançar até as Ciências da Complexidade e a produção tecnocientífica contemporânea, e nos mostrar como estamos afastados da distinção platônica entre referente e simulacro, tanto do lado do real, em que não mais vigora a unicidade do referente, quanto do lado do olhar, que carece de persistência ou permanência. Ao nos tornarmos capazes de intervir tecnicamente nos próprios fundamentos dos corpos materiais (quer em termos de substância, quer em termos de atividade e de organização) e de fazer convergir próteses percepto-cognitivas e o nosso suporte biológico, ingressamos, segundo o autor, numa deriva, num estranho mundo, uma nova Tlön (Jorge Luiz Borges), em que vivemos uma reformatação radical – de âmbito autenticamente borgiano – do que tradicionalmente entendemos por realidade. Neste estranho mundo que começamos a habitar, "neste estado de coisas (e não-coisas)", estamos em vias de experimentar um real ampliado, virtualizado, um ciber-real no qual experiências e enunciados paradoxais se tornam não só possíveis como legítimos. "Uma tela ou uma janela? Como distingüi-las?!" Podemos doravante afirmar: "O virtual é real"; "imagem é realidade".

Há, contudo, uma virtualidade no fundo de toda imagem. É esta dimensão que nos apresenta **Rogerio Luz**, focando a sua análise nas proposições de Merleau-Ponty e de Maurice Blanchot sobre a ação criativa, levantando questões concernentes à produção de imagens na modernidade e na atualidade. Desembaraçada do pensamento operativo e das antinomias de fundo positivista, a operação artística afigura-se irredutível e inaugural. "Na perspectiva de uma concepção do ser humano como sujeito situado, Merleau-Ponty sustenta que o pensamento que a arte produz desperta o enigma da visão, dirige o olhar rumo ao que não está presente, mais distante ou mais fundamental". O que o quadro suscita é "uma direção de olhar, rumo ao que não está presente – este é o segredo, na arte, da coisa vista e da visão, do visível e do vidente". Nesta perspectiva, o corpo é corpo situado, presença entre outras visibilidades, e a "pintura finca sua origem no caos, no informe, no indeterminado das forças".

Em Blanchot, por sua vez, "a investigação sobre a imagem no campo da experiência de arte não será apenas variação e modulação da experiência perceptiva do mundo. Perde-se a imagem quando se tenta explicá-la como relação de analogia (comparação proporcional, a partir de semelhanças e de diferenças) com algum tipo de realidade que não é a imagem - seja esta realidade o objeto representado, o sujeito da expressão ou o significado expresso no interior de algum sistema de linguagem". Blanchot introduz uma outra noção de imagem, apartada do olhar. Ela não é o duplo do objeto, mas o desdobramento inicial que permite que a coisa apareça. Anterior à coisa, a imagem não é também a verdade ou a essência da coisa, mas o que permite à coisa ganhar uma configuração, aparecer, bem como desaparecer. O lugar a que nos envia a imagem "é esse 'centro sem nada', esse infinito em nós – que nos lança no tempo e, por isso, na contingência e na finitude – a que Blanchot chama de a outra noite, o obscuro, a morte interminável, o negativo, o neutro, o de fora (*le dehors*)".

A estranheza que as imagens podem comportar nos encaminha para um segundo sentido de limiar: porta. Esse objeto-símbolo ambivalente, que anuncia uma abertura e impõe uma distância, convida à entrada e encerra um perigo, uma estranheza (Didi-Huberman, 1998). Tal estranhamento é, na cultura digital, ocasião para exploração, mobilizando novos nomes e conceitos que sejam capazes de designar as modalidades de experiência, percepção e ação que as novas imagens possibilitam. **Ivana Bentes** traz à cena a noção de imagem-atuada, emprestada de Jean Louis Weissberg, para ressaltar a relação entre imagem, percepção e ação nas experiências interativas digitais. Imagem-relação é outro conceito, proposto por Jean Louis Boissier e apropriado por **Kátia Maciel** para expressar o tipo de imagem que se produz no que a autora nomeia *Transcinema*, imagem cuja forma sensível é relacional e não pertence nem inteiramente ao autor, nem ao espectador, subvertendo num mesmo movimento estes dois termos. Imagem-experiência é a expressão proposta por **Victa Carvalho** para designar a possibilidade de miscigenar realidade e representação, atual e virtual nos dispositivos imersivos contemporâneos, interferindo diretamente numa "obra-processo".

Outros autores sugerem novos regimes poéticos e estéticos deflagrados pelas tecnologias de digitalização da imagem, mas não necessariamente restritos a elas. **André Parente**, em seu texto sobre a instalação interativa *Figuras na Paisagem: Estereoscopia*, também de sua autoria, nos apresenta inicialmente uma estética ou poética do fragmento implicada nas imagens mosaico, cujas características formais permitem "exprimir o caos sem reduzi-lo", enquanto no plano do conteúdo afastam "o 'monstro' da totalidade com a idéia de que uma imagem sempre 'esconde' ou remete a uma outra imagem". O espectador é aí convidado a "explorar a imagem como uma paisagem de paisagens". Além do fragmento, o fractal também encerra uma poética própria às dimensões intersticiais que, na instalação em foco, nos faz deslizar entre domínios e freqüências distintas: o contínuo e o descontínuo, a ordem e a desordem, o global e o local, o ponto e a linha, a linha e o plano, o plano e o volume, o campo e o contracampo. **Thomas Y. Levin** também evoca a implosão da totalidade a partir da instalação de Ute Friederike Jürß, *Você nunca conhece a estória toda* (2000), e propõe uma "estética tensa", capaz de expressar a singularidade das imagens heterocrônicas.

Esses nomes e conceitos, estéticas e poéticas das imagens contemporâneas nos apontam para um terceiro limiar, problematizado sob diversos ângulos neste livro. Trata-se do estatuto da percepção, ou melhor, do sujeito perceptivo, da subjetividade implicada na relação com a imagem e seus termos afins – espectador, observador, entre outros. Sabe-se que na terminologia psicofisiológica moderna, a noção de limiar define a intensidade mínima para que um estímulo possa suscitar uma resposta ou uma sensação. Ainda que esta noção permaneça válida do ponto de vista fisiológico, ela remete a um tipo de investigação que supõe limites claros entre diferentes tipos de estímulo e de resposta, entre sujeito e objeto, percepção e ação. Ora, é toda uma subversão dos limiares perceptivos familiares que se experimenta nas instalações interativas e/ou imersivas, nas experiências midiáticas de telepresença. Os vínculos estreitos entre percepção e ação, tal como antecipados por Henri Bergson, são ressaltados por **Ivana Bentes** na sua apreensão de um espectador-ator e de conexões olho-tato (Merleau-Ponty) nas experiências interativas digitais. Este espectador-ator também é analisado por **Kátia Maciel** no âmbito do *Transcinema*, conceituado pela autora como "uma imagem pensada para gerar ou criar uma construção de espaço-tempo cinematográfico em que a presença do *participador* ativa a trama que se desenvolve". O participador (Hélio Oiticica) é assim "o sujeito da experiência das imagens, não mais aquele que está *diante de*, como o sujeito renascentista, mas aquele que está no *meio de*, como nos sistemas imersivos". No texto de **Victa de Carvalho** a interatividade do espectador é destacada precisamente nos dispositivos imersivos que convocam não apenas a mente, mas também o corpo em sua multissensorialidade, a atualizar sempre parcialmente a obra à medida mesma de sua experiência no e com o dispositivo proposto pelo artista, produzindo uma subjetividade que é sobretudo relacional e processual.

Mas não é apenas no âmbito da interatividade que o sujeito perceptivo, o espectador, o observador e a subjetividade se encontram reconfigurados. As variações nos limiares da imagem reverberam mais amplamente sobre as subjetividades contemporâneas, numa cultura fortemente marcada pela presença contínua da imagem. **Fernanda Bruno** mostra em seu artigo como as atuais tecnologias e ambientes comunicacionais nos apresentam subjetividades cujo regime de visibilidade encontra-se cada vez mais exteriorizado e voltado para o olhar do outro. As práticas de exposição da intimidade em *reality shows*, *weblogs*, *webcams* e *fotologs* atestam uma subjetividade convertida em imagem, que encontra na sua face visível e acessível ao olhar do outro o domínio privilegiado de cuidados e controle sobre si. Seguindo as variações no que o olhar do outro representa, exige ou incita, a autora explora, contrastando a Modernidade e a Atualidade, as transformações nos limites entre o público e o privado, entre o que se mostra e o que se esconde. "Se a Modernidade produziu uma topologia da subjetividade e do cotidiano que circunscrevia o espaço privado e seus diversos níveis de vida interior – casa, família, intimidade, psiquismo –, a Atualidade inverte essa topologia e volta a subjetividade para o espaço aberto dos meios de comunicação e seus diversos níveis de vida exterior – tela, imagem, interface, interatividade".

Essa subjetividade que exibe uma "intimidade sem interioridade" também é explorada por **Beatriz Jaguaribe**, que destaca a demanda atual por narrativas e imagens que retratam a "vida real" nos circuitos midiáticos – no meio editorial, nas produções cinematográficas, nos *reality shows* televisivos, nos *blogs* e nos *fotologs* que proliferam na Internet. A autora contrasta a espetacularização midiática da vida íntima com o estudo de caso de dois artistas – o escritor cubano Juan Pedro Gutiérrez e a fotógrafa americana Nan Goldin –, tendo em vista ressaltar traços comuns às estéticas do realismo e à experiência autobiográfica contemporâneas. Novas imbricações entre o público e o privado também são apontadas aqui, mas o foco maior incide sobre a instabilização das fronteiras entre o real e o ficcional. Beatriz Jaguaribe nos mostra como a categoria de autenticidade revigora-se hoje pelo seu vínculo ao biográfico, ressaltando aí um dos paradoxos do realismo contemporâneo: "O testemunho biográfico serve igualmente como critério de validação da experiência e como suporte da ficção". Redimensiona-se também, neste mesmo movimento, a noção de experiência, que na obra dos artistas analisados é atravessada por um vitalismo existencial e uma espontaneidade vivencial pautada pela sensorialidade que acabam por validar a subjetividade da experiência.

A questão sobre o estatuto da autenticidade nos relatos e imagens midiáticos do eu também é evocada no texto de **Fernanda Bruno**, que destaca os seus vínculos contemporâneos com o artifício. Assistimos a uma curiosa encenação da autenticidade que não atende mais aos critérios e limites convencionais entre verdade/falsidade, aparência/essência, superfície/profundidade. Numa cultura em que os corpos e almas ganham a plasticidade das imagens, a autenticidade pode muito bem residir naquilo que se parece ser. E "na ordem da aparência e da imagem, as 'coisas' podem muito bem valer pelo que elas não são, seja um corpo, seja uma intimidade. Ou, ainda, o que se é reside cada vez mais naquilo que cada um se torna no ato mesmo de se dar a ver". Percebemos aí uma dimensão performativa da subjetividade, que também é ressaltada por **Ivana Bentes** no âmbito de uma "pedagogia dos dispositivos" presente tanto nos *reality shows*, quanto no cinema e na mídia-arte, numa cultura em que "Alice atravessou o espelho". Uma vez que nos tornamos "imagem entre imagens" ou, como propõe mais uma vez **Beatriz Jaguaribe,** que se forma uma geração de pessoas que crescem no meio midiático, torna-se comum viver e sentir a "vida-como-imagem".

Essa reconfiguração das relações entre subjetividade e imagem evidencia um último e não menos importante sentido de limiar, que atravessa todos os artigos e temáticas aqui reunidos. Quarto e último sentido limiar, que, em certa medida, contém ou acolhe todos os outros: fronteira, passagem. Um aspecto presente de modo disseminado na cultura digital reporta à condição de passagem recorrente em diferentes domínios da experiência atual. Imagens, objetos e pensamentos encontram-se disponibilizados para o trânsito, colocando em questão uma série de limites que outrora mantinham polarizados diferentes domínios. Vimos nesta introdução, e veremos ao longo do livro, o trânsito ou a reconfiguração de muitas fronteiras e limites: imagem/referente, real/virtual, sujeito/objeto, percepção/ação, autor/obra/espectador, presença/ausência, público/privado, realidade/ficção. Além dessas, outras fronteiras entram em movimentos mais ou menos sutis nos diversos artigos que se seguem, dando novos contornos às relações entre tecnologia e estética na cultura contemporânea. Como nos mostra **Ivana Bentes**, vivenciamos um "devir midiático das artes", que se apropria e subverte em proposições artísticas diversos meios e dispositivos, e um "devir estético das mídias", que desterritorializa e põe em circulação imagens que não cessam de migrar para os mais diferentes suportes, constituindo uma "mídia-mundo". Vídeos amadores, fotos e imagens de celulares, *webcams* e *fotologs*, câmeras de vigilância, etc alimentam tanto os circuitos midiáticos comerciais quanto os de arte. Tornam-se doravante indiscernível e instável os limites entre meios e modelos de criação e circulação de imagens, modulando tanto as produções midiáticas quanto artísticas e operando curto-circuitos entre o amador e o artista. Essa zona de indiscernibilidade é atualizada, de modos singulares e distintos, em várias obras aqui apresentadas: no trabalho de Rosângela Rennó analisado por **Antonio Fatorelli**, na videoinstalação de JürB explorada por **Thomas Y. Levin**, na instalação de Maurice Benayon comentada por **Victa de Carvalho**, na instalação de **André Parente** apresentada pelo próprio autor.

Neste livro sobre as imagens e seus limiares na cultura contemporânea, o leitor percorrerá esse terreno instável das passagens, essas dimensões intermediárias das fronteiras, recorrentes nos textos com conteúdos, formas e intensidades variadas, desde diversos pontos de vista: comunicação, filosofia, história da arte, física, psicanálise, literatura e produção estética.

Entre o analógico e o digital

*Antonio Fatorelli**

O objeto desta comunicação se situa no limiar entre a cultura analógica e a cultura digital. Importa, nesse cenário instável e precário de passagens, perceber aqueles elementos singulares que estão em trânsito, propensos a circunscreverem modalidades inéditas de experiências. A fotografia, um conjunto de três trabalhos recentemente produzidos, neste contexto vista como um tipo especial de imagem cristal capaz de exibir as múltiplas faces desta realidade em processo de mutação, será o fio condutor desta narrativa. Nossa suposição é a de que estas imagens expressam, além das suas propriedades formais e dos seus enunciados específicos, esse estado latente, mais difuso e incorpóreo, das transformações em curso no cenário cultural.

Estamos presumindo que estas imagens e a própria fotografia estejam dotadas de um certo poder expansivo, como se por meio delas fosse dado aceder a uma condição cultural. A atribuição deste poder à fotografia não é novidade. Já em meados do século XIX, em vista do

* Fotógrafo e doutor em Comunicação e Cultura pela Escola de Comunicação da UFRJ, onde leciona e integra o grupo de pesquisa N-Imagem (Núcleo de Tecnologia da Imagem). Coordena o Laboratório de Fotografia e Imagem Digital desta Escola e realiza pesquisas sobre fotografia contemporânea. Recentemente, editou o livro *Fotografia e viagem – entre a natureza e o artifício*.

advento da nova técnica, acompanhamos a disseminação de discursos que, de modo apoteótico ou apocalíptico, mas sempre peremptório, anunciavam o fim da arte ou o surgimento de uma nova era.

Portanto, a fotografia, concebida como modelo de uma relação inaugural entre o humano e o maquínico, coloca em perspectiva os valores historicamente atribuídos ao gesto e à manufatura na consecução da obra e, de modo adjacente, as próprias noções de obra-de-arte e de humanismo, fortemente ancoradas, como sabemos, no gesto único e criativo consumado, de modo exemplar, pelo artista-artesão.

A condição atual reporta, em muitos aspectos, aquela que acompanhou a emergência da imagem fotomecânica. Renovam-se os temores e os discursos saudosistas, agora sistematizados em contraponto às praticas digitais, como também as inquietações: estariam as novas tecnologias do virtual subtraindo o que haveria de mais expressivo no gesto criativo – a ação físico-motora empreendida pelo artista, a materialidade do suporte e a transformação da matéria no decurso de um tempo prolongado?

Renovam-se igualmente, e uma vez mais o paralelo com o século XIX é inevitável, os questionamentos sobre o estatuto de realidade da imagem. Indaga-se aqui se a nova condição da imagem é, em relação à prática precedente, mais ou menos fiel ao modelo, sempre concebido, de modo francamente positivista, como critério de realidade.

Simultaneamente a tais questões ideológicas e conceituais, percebemos que a prática profissional está passando por um período de profundas reformulações. Neste cenário de transformações radicais, novos saberes e habilidades específicas vão sistematicamente deslocando as atividades tradicionalmente estabelecidas, sinalizando de modo enfático que está em curso a emergência de um novo sujeito, lugar de novas demandas.

As três imagens comentadas a seguir estão posicionadas, do ponto de vista conceitual e histórico, entre a prática e a cultura analógica e as virtualidades do universo digital. Situam-se, portanto, a meio-caminho entre as convicções consagradas pela prática tradicional, já fortemente convencionalizadas, e as potencialidades de uma modalidade de participação e de experiência que convoca, de modo inaugural, outras modalidades de percepção e de pensamento.

Identificadas no contexto da historiografia como pós-fotografia ou fotografia expandida, este conjunto de imagens parece exibir, é o que supomos, uma condição especial de objeto duplamente referido, sinalizando o esgarçamento do modelo precedente e, de modo não menos enfático, assinalando a natureza difusa, incorpórea e ainda sem contornos bem definidos, que singulariza a prática emergente.

Esta condição de objeto híbrido, igualmente associado a duas matrizes epistêmicas conflitantes, confere a estas imagens um tipo de legitimidade especial, irredutível às simplificações de ordem pragmática. Registradas em películas e copiadas em superfícies fotossensíveis, elas exibem, entretanto, um tipo de inquietação sintomática da cultura digital – querem fazer ver além do imediatamente visível; acrescentam realidade às realidades já constituídas; associam vários vetores temporais e espaciais; desmontam a arquitetura perspectiva –, cada uma ao seu modo, mas sempre de forma a expandir o campo do tradicionalmente entendido como 'fotográfico'.

Consideremos, neste ponto, ainda que de modo sucinto, os balizadores da experiência fotográfica analógica convencional de modo a possibilitar a aferição da distância que separa a prática precedente desta produção expandida. De maneira ainda bastante abrangente e genérica, podemos identificar duas modalidades de ultrapassagens do contemporâneo relativamente ao moderno. A primeira delas, identificável de maneira imediata, refere-se às diferenças relativas a uma certa convencionalização do uso dos elementos da linguagem visual, e também a uma ética, a um conjunto *apriorístico* de ordem moral e ideológica incorporados, nem sempre de modo consciente, pelos fotógrafos. Esses dois aspectos estabelecem um contexto, definem um campo de possibilidades, condicionadores da prática do fotógrafo moderno. A segunda modalidade de distância do atual relativamente ao moderno é mais difusa, menos perceptível à primeira vista, exatamente por não contar com as evidências aferidas em um primeiro olhar.

Nomeadamente, o primeiro recuo refere-se ao modernismo canônico, às experiências desenvolvidas por Alfred Stieglitz, Paul Strand, Edward Weston, André Kertész e Cartier-Bresson, entre outros, na conjuntura que se sucedeu ao fim do primeiro conflito mundial. O segundo recuo se estabelece quando considerados os aspectos diferenciais da experiência atual uma vez confrontada com as vanguardas históricas – entre as quais o Futurismo, o Dadaísmo, o Surrealismo e o Construtivismo russo. Conclui-se freqüentemente, neste último caso, – e não endossaremos este ponto de vista –, pela abolição da diferença, uma vez que muitas das soluções formais exibidas pelas fotografias atuais inspiram-se francamente nos modelos estabelecidos por esses movimentos de vanguarda.

No caso do Modernismo convencional vanguardeado por Stieglitz, importava, sobretudo, a valorização dos critérios formais internos ao meio que legitimassem os anseios por uma fotografia pura e direta. O quadro único, a proibição de qualquer interferência manual nos momentos de captura e de processamento da imagem, o respeito pelos materiais fotográficos segundo as suas especificações nominais, o uso de molduras e de quadros dispostos uniformemente nas paredes das galerias, a celebração de uma cultura técnica exclusivamente fotográfica, a valorização da obra original e, igualmente importante, uma certa relação humanista por parte dos fotógrafos com os temas retratados, são alguns dos critérios que circunscrevem este credo.

Perpassando estas diversas suposições, podemos perceber no interior deste projeto a presença de um aspecto que, pela sua importância, pode ser considerado o ponto de equilíbrio ou o fiel desta medida modernista. Trata-se da relação necessária e convencional que enlaça o fotógrafo, seu equipamento e a situação a ser registrada. A lógica deste tripé pode ser resumida de modo vetorial: o que está sendo considerado é invariavelmente o registro direto, obtido de modo imparcial, de uma realidade preexistente entendida como o substrato do real. A produção legada por esta tendência do Modernismo gira invariavelmente em torno deste eixo ontológico, independentemente das variações de estilo e das inclinações de ordem pessoal dos seus artífices.

A segunda grande vertente do Modernismo, muito importante do ponto de vista da história da arte e do desenvolvimento da linguagem visual, ainda que menos difundida, surge, também, a partir da conjuntura deste período, entre os anos 1915 e 1920. Caracteriza-se pela criação de novas linguagens e pela implementação de uma estética da contaminação, na qual a fotografia pode estar associada a outras formas expressivas, como a poesia, a gravura e o *silk screen*. Nos trabalhos destes artistas, a fotografia importa, sobretudo, pelo seu valor expressivo singular, e muitas vezes foi mobilizada no contexto da produção de uma obra como mais um recurso expressivo. Mesmo naqueles casos em que o trabalho é de natureza estritamente fotográfica, esta especificidade não advém de uma questão de princípio.

A orientação plural empreendida pelas vanguardas resultou em obras que expandiram o universo da linguagem visual em várias direções e, ainda mais relevante, promoveu uma modalidade de relação dinâmica e produtiva entre os fotógrafos e os demais artistas visuais e, também, entre os artistas e a comunidade de intelectuais, pesquisadores e produtores na área cultural.

Podemos, uma vez fixadas estas duas direções do Modernismo, considerar a rede de filiações estabelecida por estas tendências da fotografia expandida ao longo dos anos 1980 e 1990. Afinal, a identidade desta produção se afirma a partir de um movimento de assimilação das experiências empreendidas pelas vanguardas históricas, principalmente no que concerne ao hibridismo dos meios e à postura critica. Duas orientações que marcaram, de modo definitivo, a distância desses movimentos em relação aos princípios estéticos característicos do Modernismo convencional. De modo provisório, podemos dizer que a fotografia expandida mantém, relativamente ao modernismo oficial, esta mesma reserva observada, em uma conjuntura anterior, pelas vanguardas.

Entretanto, apesar das afinidades, a produção fotográfica recente coloca em circulação variáveis inéditas, relativas à cultura digital e às questões propriamente contemporâneas que se referem à condição da imagem e da representação visual no contexto das sociedades de massa e da cultura do espetáculo. Desenham-se, neste curso, os traços singulares dessa experiência, a sua atualidade e a sua alteridade, irredutíveis à adoção de um mesmo recurso técnico ou a uma afinidade de ordem subjetiva. Defrontamo-nos aqui com o fato de um mesmo gesto adquirir significados diferentes em conjunturas distintas, no Modernismo e contemporaneamente, e, ainda, com o emprego de um mesmo procedimento técnico despertar sentidos também singulares, dependendo do contexto histórico e das circunstâncias específicas de origem.

Há algo de original no âmbito da sensibilidade contemporânea que confere um sinal único à produção atual, certos traços distintivos e uma outra ambiência que fazem com que a mobilização dos mesmos procedimentos técnicos esteja revestida de outros significados, distintos daqueles atribuídos em outra conjuntura. Tal distância se manifesta, neste caso, relativamente à produção da vanguarda e, também, em referência a certos recursos recorrentes na fotografia novecentista, como os 'quadros vivos', a utilização de papéis e de agentes químicos confeccionados manualmente ou a imagem capturada com câmeras artesanais do tipo *pinhole*. Além da motivação dos fotógrafos e dos dispositivos técnicos mobilizados no processo de realização da imagem, também o modo de afecção do observador, a maneira pela qual ele se relaciona com a imagem, é objeto desta mesma circunstancialidade. Mesmo ações triviais, como ver uma imagem ou empunhar a câmera e caminhar pelas ruas da cidade, aparentemente destituídas de qualquer conotação simbólica, adquirem relevos diferenciados, historicamente marcados[1].

Nossas sociedades da informação estão gestando uma cultura marcada pela propagação generalizada de dimensões virtuais, como as

[1] Para uma análise mais detalhada destes contextos históricos, cf. Fatorelli (2003).

redes telemáticas e o hipertexto. A expansão contínua destes domínios em instâncias cada vez mais diferenciadas da vida social, como as atividades econômicas, o lazer, a comunicação, a gestão dos corpos, a medicina e o esporte, promoveu, e permanece estimulando de modo cada vez mais radical, o redimensionamento da noção de experiência. Associada na modernidade à idéia de encontro físico dos corpos nas ruas e nos espaços públicos das cidades – a figura do dândi, em Baudelaire; o personagem do *flâneur*, em Benjamin; e a noção do olho como uma interface dinâmica entre o corpo e o ambiente externo, motivadora da teoria de Merleau-Ponty e da fenomenologia –, a concepção de experiência vai incorporar outros vetores e endereçar expectativas de natureza diversa no contexto atual, em que as ações e as comunicações se realizam crescentemente a distância ou em ambientes controlados.

Renovam-se os desafios para o pensamento e para o criador em vista desta redistribuição das funções convencionalmente atribuídas aos sentidos. As decorrências perceptivas e cognitivas implicadas nesta passagem podem ser apenas intuídas, mas permanecem como desafios para o pensamento investigativo e para a ação operativa.

Fala-se, do ponto de vista do ressentimento, na perda do real e na desobjetivação do mundo, suposições que ensejaram a proliferação de uma literatura saudosista, empenhada em recuperar, de modo por vezes messiânico, a estabilidade e a confiabilidade associadas, pelo menos do ponto de vista das narrativas, ao cenário anterior. A questão de fundo que permanece pode ser formulada nos seguintes termos: como positivar uma condição existencial que pressupõe de modo cada vez mais freqüente uma situação de comunicação mediada por tecnologias que conectam instantaneamente vários espaços e estratos temporais? Ou ainda, no caso dos ambientes virtuais, como dimensionar as reações sinestésicas em circunstâncias tecnologicamente controladas?

A citação a seguir expressa, de modo sintético, esse duplo movimento de reconhecimento e de recusa da condição atual. Após assinalar a dissociação entre visão e experiência nas sociedades atuais, Kevin

Robins acrescenta que

> "é crucial que nos reposicionemos no mundo. Em minha concepção, será profundamente problemático se não pudermos fazê-lo. Estou pensando em materialização e imersão no sentido filosófico de Merleau-Ponty, da necessidade de estar aberto às experiências do mundo" (Robins, 1996, p. 34).

Permanece implicada nesta proposição, de modo ainda mais incisivo, a perda da dimensão do aqui e agora, balizadora da noção de *aura*, cunhada por Benjamin (1986a) para descrever a nova condição da obra-de-arte no contexto das reproduções mecânicas, a fotografia entre elas. As tecnologias infográficas dilataram e aprofundaram esta tendência ao estabelecimento de relações perceptivas e cognitivas cada vez mais complexas, a ponto de criarem um novo cenário e novos contextos paradigmáticos qualitativamente distintos dos modelos precedentes.

A recepção da fotografia entre os artistas e o público esteve associada, desde o seu advento, à noção de objetividade e à função documental, sempre supondo a existência de um espaço extensivo, habitualmente nomeado de real, e a presença de corpos sólidos arbitrariamente distribuídos na profundidade deste espaço. Por sua vez, a imagem fotográfica, considerada como um duplicado óptico-químico, encontra-se estritamente associada a este modelo de real, de matriz cartesiana e positivista, que especifica as figuras de um espaço físico homogêneo e de um tempo cronológico instantâneo. Esta equação espaço-temporal, fundadora da experiência moderna, determinou também o modo pelo qual a fotografia foi socialmente investida. Afinal, modelo e cópia compartilham da mesma matriz e se justificam mutuamente, legitimando, cada qual em sua medida, a existência do outro.

Está implícita, ainda, neste modelo a suposição de unidades de medida estáveis e mensuráveis, que permitem a quantificação do espaço e a contagem do tempo segundo procedimentos lineares e sucessivos. Trata-se sempre, nestes casos, de um espaço finito e de um tempo regular, formulados de modo a que se possa aferir, de forma contundente e irrevogável, a existência de uma realidade aqui e agora. A imagem fotográfica decorrente da projeção luminosa deste fragmento ou porção do real, nomeado de referente, exibe as propriedades reflexivas e derivadas do duplo – encontra-se pontualmente associada ao modelo e representa um momento único da sua existência.

Tal modelo de realidade promove, também, uma correspondência de outra natureza. Estas noções de realidade estável, de temporalidade fixa e de representação redundante convêm à atividade do pensamento, que se exerce de modo consecutivo, colocando uma questão após a outra, cada uma no seu devido momento. Apresenta-se aqui uma adequação de ordem cognitiva entre a imagem mental do objeto e o próprio objeto, que passa a ter a sua realidade definida em função das *démarches* próprias ao pensamento. Este cenário no qual todos os elementos se encaixam reciprocamente promove a formulação de uma verdade e de uma certeza, deste modo singulares e definitivas, que parecem ter o poder de aplacar a cólera dos espíritos inquietos e de proporcionar previsibilidade a esta existência de outro modo condenada ao vazio.

Pensar o atual se apresenta, de maneira bem diversa, como uma tarefa arriscada, que implica a consideração dos espaços complexos e dos tempos múltiplos, a formulação do que não se apresenta verossímil à primeira vista e a aceitação de que as elaborações resultantes da atividade intelectual são irremediavelmente provisórias, instáveis e lacunares. Nestes termos, pensar é um exercício que supõe a aceitação das limitações do pensamento, saber que se pode não saber e que o impensável e o imponderável são dimensões constituintes do conhecimento.

O pensamento, tanto as proposições científicas e filosóficas quanto as formulações habituais do senso comum, aspira à plenitude, condição que o torna freqüentemente exposto ao fantasma da onipotência. Entretanto, o pensamento que se inclina sobre a representação visual deveria preferencialmente buscar perseguir a imagem, refazer a sua trajetória de vida, acompanhar a sua deriva, considerar a sua dimensão de sedução e de artefato visual, atentar para o seu trabalho sobre o corpo e sobre os sentidos, antes de pretender atribuir-lhe um significado de ordem geral, de matriz semiótica, psicológica ou sociológica. Este percurso implica a valorização do contexto histórico e das singularidades que marcam a existência da imagem. Não se trata, certamente, de fazer coincidir as proposições de ordem verbal e as de natureza visual, irredutíveis a princípio, mas de forçar o pensamento a assimilar algumas variantes internas ao processo de criação da imagem, certos percursos vivenciados pelo artista, uma vez confrontado com os materiais e os dispositivos mobilizados na elaboração do trabalho visual. Trata-se, então, de incorporar ao trabalho intelectual algumas variáveis da experiência estética, como a dimensão intuitiva e a angústia criativa. Pensar com a imagem significa, neste caso, lidar com a contingência e com a parcialidade dos resultados.

A experiência de incorporar ao percurso do pensamento as idiossincrasias da produção imagética guarda o sentido muito específico de promover o cruzamento do que poderíamos considerar puramente sensorial e corpóreo com o estritamente verbal. Significa, de modo complementar, reconhecer os estratos verbais e conceituais associados à imagem, toda uma dimensão histórica, social, institucional e, também, certas expectativas de natureza psíquica, irremediavelmente associadas a sua presença. O que significa conceber as imagens como entidades portadoras de enunciados verbais, carregadas de conceitos e atravessadas por proposições abstratas. Tal contextualização tem o efeito secundário de retirar a imagem do seu confinamento estético, essencialmente formalista, no qual ela é apropriada unicamente em vista da sua condição de objeto sedutor endereçado aos prazeres da fruição visual. No interior deste percurso, as metáforas visuais e as alusões poéticas, sempre diáfanas e evanescentes, habitualmente associadas à natureza inefável da representação visual, são progressivamente substituídas por um tipo de presença-efeito da imagem, em que o conceito desempenha um papel decisivo.

Esta condição da imagem encontra-se radicalizada na contemporaneidade em vista da crescente incorporação de dispositivos os mais diversos ao processo de criação visual. Tais dispositivos, inicialmente mecânicos, como a câmera fotográfica e o aparato cinematográfico de captura e de projeção da imagem, e posteriormente eletrônicos e digitais, incorporam uma nova dimensão à representação. Lugar de inscrição de um saber cada vez mais sistematizado, esses aparatos se configuram como ponto de convergência dos desenvolvimentos tecnológicos e científicos de última geração, de tal modo que a disseminação da sua participação no processo de criação implica a contaminação da imagem por esses mesmos padrões tecnológicos e científicos. Isto quer dizer que as imagens contemporâneas apresentam-se cada vez mais investidas de substratos conceituais, mas também que, em vista de uma condição paradoxal de funcionamento do aparelho, elas se afiguram como uma imagem-aparelho, constituída em conformidade ao modo de funcionamento da máquina.

As imagens técnicas exibem invariavelmente esta configuração híbrida que associa conceitos, na forma de programas e protocolos técnicos, a visibilidades. Podemos, neste contexto, datar a imagem contemporânea a partir da identificação do conjunto particular de procedimentos técnicos incorporados ao dispositivo e do dimensionamento das suas propriedades irredutivelmente sensíveis e corporais.

Ao mesmo tempo que simplifica o manuseio do equipamento, tornando-o universalmente acessível, a progressiva transferência de conteúdos abstratos e de tecnologias complexas para o aparelho fotográfico demanda, por parte dos profissionais que se apropriam do meio de modo crítico, a realização de um percurso múltiplo, através do qual o processo de trabalho e a imagem criada passam a rivalizar e depois a incorporar toda a cultura implicada no aparelho. Esta é propriamente a questão da relação entre homem e máquina no contexto contemporâneo, da inscrição de uma inteligência coletiva no aparelho, que traz como contrapartida o redimensionamento das atitudes e dos saberes por parte do criador de imagens.

Revenge of the Gold Fish, de Sandy Skoglund, realizada em 1981 (Ver Caderno de Fotos), é uma fotografia que desestabiliza o espectador desde o primeiro olhar. Produzida em estúdio, em situação na qual o fotógrafo exerce controle absoluto sobre todas as etapas de produção e, literalmente, sobre todos os elementos constitutivos da imagem, ela subverte as expectativas normalmente associadas à fotografia. Uma primeira ruptura se estabelece neste confronto com um imaginário fotográfico para, a seguir, se estender a outros domínios perceptivos e cognitivos. Nesta situação o fotógrafo não se encontra na rua ou diante de uma paisagem, surpreendendo um motivo na dependência do acaso e do seu senso de oportunidade. Não há, em *Revenge of the Gold fish*, nenhuma realidade histórica anterior sobre a qual pudéssemos voltar a atenção e buscar um sentido original. Aqui é a imagem que apresenta a realidade a partir da sua condição singular de artefato visual. Ficam desautorizadas, neste contexto, todas as associações de ordem remissiva que pudessem despertar um sentimento de nostalgia ou de perda em relação a alguma experiência anterior. Esta imagem está radicada no presente, e as associações que ela desencadeia projetam-se preferencialmente em direção a um tempo provável, da ordem do 'pode ser'.

Ao nos certificar da presença dos objetos retratados diante da câmera, esta fotografia cumpre a sua função testemunhal convencional, mas o faz de modo oblíquo, inibindo qualquer associação da cena que apresenta a um 'real' anterior ou primordial. A criança, os peixes dourados de papel machê e o mobiliário estão todos entregues ao primeiro olhar e podem ser facilmente identificáveis. Entretanto, retratam um sonho ou um devaneio, que teve curso inicialmente no imaginário da criança para, a seguir, ganhar contornos no imaginário do espectador. Imagem arquetípica, a transformação deste quarto em aquário evoca a fantasia do homem-peixe, habitante ancestral das regiões abissais. Em *Revenge*, as marcas indiciais atestam essa realidade onírica, que convoca o corpo e certas associações imaginárias, e legitimam uma construção narrativa ficcional.

As habilidades requeridas ao criador na realização desta imagem não se resumem ao manuseio técnico do aparelho fotográfico. Antes de tudo existe o momento da identificação do conceito que vai dar corpo à imagem, quando são convocados os conhecimentos, as apreensões e a intuição do fotógrafo. No momento seguinte, ocorre a execução detalhada de um plano de ação que envolve destreza artesanal, habilidade cenográfica e trabalho de produção. Atividades que se desenvolvem no decurso de um tempo prolongado, por adição e acúmulos de ações empreendidas por uma equipe de profissionais. O instantâneo, o *clic* final, resulta deste longo percurso e encerra um gesto relativamente trivial.

Este tipo de montagem cenográfica se presta à dramatização de temas e de experiências habituais, o que o aproxima, do ponto de vista técnico e expressivo, do teatro, em especial em relação à construção de um cenário e ao uso de máscaras e de figurinos. Entretanto, no âmbito da representação visual, este recurso guarda afinidades com os *quadros-vivos*, recorrentes nos séculos XVIII e XIX. Esta atual retomada de procedimentos comuns ao longo do século XIX, momento de industrialização incipiente e anterior à emergência dos movimentos modernistas na fotografia, endereçam um questionamento e esboçam uma tentativa de superação dos aspectos restritivos da agenda defendida pela vertente purista, além de colocar em perspectiva toda a produção de matrizes seriais, eletrônicas e digitais, deflagradoras de outras modalidades de interação entre o gestual e o maquínico.

Os gêmeos norte-americanos Doug e Mike Starn envolveram-se, no início dos anos 1980, em uma série de experimentos fotográficos que viriam a consumar um questionamento sobre muitos dos aspectos habitualmente considerados como característicos do meio. Evidentemente, estas montagens não são o resultado da aplicação de um programa previamente traçado, muito menos a versão visual de algum conceito puramente teórico. Pelo contrário, elas exibem algo de casual na sua temática e deixam entrever os desdobramentos de uma ação que se prolonga em um tempo estendido, pontuada por intervenções quase minimalistas. Como se estivesse perscrutando a imagem tridimensional exibida no visor de um caleidoscópio, o fotógrafo executa variações sutis no momento da montagem da imagem final, compondo a partir de fragmentos que só encontram sentido quando dispostos em conjunto.

Este tipo de agenciamento guarda muitos pontos de afinidade com as colagens dadaístas e, também, com os procedimentos mobilizados pelos cubistas nas décadas de 1910 e 1920. A questão da multiplicidade, que evoca a questão do movimento e da pluralidade de ações realizadas de modo simultâneo ou sucessivo, e a questão decorrente da representação visual do múltiplo em face dos suportes materiais e das linguagens formais mobilizadas em cada contexto constituem o quadro de motivações destas obras.

Double Stark Portrait in Swirl, realizada em 1985/86 (Ver Caderno de Fotos), proporciona, do ponto de vista da fotografia recente, uma oportunidade para o exercício de um pensamento crítico sobre o meio. Sabemos que o Modernismo clássico promoveu a valorização das variáveis irredutivelmente fotográficas, principalmente a imagem única e instantânea, vindo a conjurar todas as iniciativas conflitantes com este propósito, notadamente aquelas voltadas à representação da passagem do tempo. A observância destes critérios formais exigidos pela prática pura e direta proporcionou a legitimação de um território nitidamente demarcado, imune às influências da representação cinematográfica e devidamente segregado da narratividade decorrente da adaptação de obras literárias, além de desqualificar algumas iniciativas relevantes no contexto da fotografia novecentista, como as anamorfoses de Jagues-Henri Lartique, o tremido de Julia Margaret Cameron, o *flou* dos pictorialistas, as montagens de Oscar Rejlander e a própria cronofotografia de Marey e Muybridge. A disseminação deste mito da instantaneidade, que parece estar definitivamente associado ao meio, contou com a colaboração de uma outra concepção, ainda mais abrangente, que concebe o sistema óptico do aparelho fotográfico como o aperfeiçoamento, ou a versão mecanizada da câmera escura, da câmera clara e de tantos outros dispositivos ópticos sistematizados desde o Renascimento.

Sobrepostas umas às outras, como em *Double Stark,* as tiras de papel fotográfico constituem-se em fragmentos de imagem, distribuídos ao longo do plano na forma de mosaicos de luz. O modo de associação desses fragmentos é essencialmente caótico e lacunar, o que ocasiona uma espécie de *gap* entre as extremidades de cada mosaico, ainda mais intensificado pelo contraste entre as zonas de claros e de escuros. Nestas vizinhanças, a imagem parece se abrir em fendas e entrever uma profundidade passível de ser apenas intuída pelos sentidos.

Resultantes das operações de corte, composição e montagem de vários fragmentos, essas regiões da imagem constituem blocos de espaço-tempo e integram, no conjunto, uma totalidade que se mantém aberta e acentrada. Nesta fotografia não há a especificação de um centro a partir do qual a imagem se irradiaria de modo hierárquico, muito menos a intenção de proporcionar a apreensão do motivo em todas as suas faces. Antes destas especificações de ordem positivista, a mancha central da imagem se rebate sobre o seu próprio duplo, de modo a inibir a fixação de identidades estáveis, condição ambígua vivenciada pelos gêmeos, mas igualmente presente no contexto da experiência atual.

Essas relações espaciais e temporais estão intensificadas pela ação da moldura, que funciona apenas como suporte físico da montagem, furtando-se a demarcar um espaço interno próprio da representação. Na ausência de limites bem definidos, a imagem avança e recua na direção do extracampo, tornando indefinidas as fronteiras entre a representação e o entorno. A disposição formal da imagem ocasiona, em vista destas particularidades, os efeitos inversos proporcionados pela moldura convencional, de tal modo que podemos identificar esta opção formal como constituindo uma situação antimoldura.

Montados com fitas adesivas aparentes, estes estilhaços de imagens estão condenados ao desaparecimento precoce, consumidos pelo efeito da ação e da reação dos vários agentes fotoquímicos. Precária, lacunar e instável, esta foto encontra-se submetida aos desígnios do tempo, anunciados pelos efeitos da decomposição da sua matéria em contato com a luz.

Capturada de modo relativamente simples, a força desta imagem advém do efeito produzido pelos procedimentos mobilizados na fase de pós-produção, no momento do processamento da imagem, quando são realizadas cópias de grandes proporções, mas principalmente na etapa posterior de edição e montagem. Mais do que subentender uma simples sucessão de gestos, essa fase de pós-produção consuma um modo particular de convocar os sentidos, de deflagar uma experiência sensorial irredutível.

O trabalho de Rosângela Rennó resulta da apropriação de negativos e de cópias fotográficas antigas, encontrados em brechós, feiras de antiguidade, álbuns pessoais, no noticiário da grande imprensa ou em depósitos de lixo. São, em todos os casos, imagens de segunda mão que já serviram a diferentes propósitos e despertaram o investimento afetivo e emocional de um público anônimo. Ao retomá-las em outro contexto, a artista evoca os traços deixados pelas suas presenças no momento em que circularam, despertando o imaginário social e as projeções míticas dominantes na época.

Nesta circunstância, o fotógrafo abre mão de tirar as suas próprias fotos, com todas as implicações de ordem autoral decorrentes, para privilegiar o trabalho com os estilos culturais, ou seja, o conjunto das experiências, das expectativas e das ameaças socialmente compartilhadas, associadas à vida de um determinado conjunto de imagens. Esta estratégia consiste no estabelecimento de uma distância a partir da qual são revelados os elementos idiossincráticos de uma conjuntura, sem a qual a imagem continuaria a circular unicamente a partir do seu poder de sedução, relativamente indiferente ao exercício de uma elaboração crítica.

Destacadas no tempo e desembaraçadas das projeções autorais de natureza individual, essas séries registram certos valores culturais que balizaram a experiência em uma determinada época. Podemos considerálas, em vista desta sua abrangência, como uma modalidade muito especial de antropologia visual, em que as imagens passam a funcionar como textos capazes de despertar os seus usos, as suas funções e, também, o modo como foram apropriadas. Como se, ao eximir-se de fotografar, o artista visual se investisse desta condição de recenseador do imaginário coletivo apto a despertar os significados e as diversas camadas de experiência associadas à vida de uma imagem. Do ponto de vista da motivação do artista, a questão nodal desloca-se do âmbito do que gostaria de fotografar, ou sobre o que é visualmente sedutor, sempre referido a uma modalidade de experiência de natureza sensorial, para abranger as singularidades do editor que trabalha o aspecto convencionalizado, socialmente constituído, da imagem.

A prática de apropriar imagens pressupõe o estabelecimento de relações singulares entre sujeito e imagem, nas quais os signos visuais apresentam-se na condição de agentes indutores de realidade, consumando, talvez, uma das dobras de um coletivo pensante homens-coisa[2]. O pastiche, a paródia e a apropriação de imagens são algumas das manifestações da fotografia, por sua vez igualmente expandida, em face da reconfiguração do olhar e das novas modalidades de relações entre subjetividade e maquinismo engendradas pela disseminação tecnológica.

Viagens especiais – rosto Marte (Ver Caderno de Fotos) apresenta um texto aplicado sobre uma fotografia invertida, em tons sépia, da decolagem de uma aeronave. Disposto sobre praticamente toda a mancha da imagem, o texto se apresenta legível em contraste com as regiões mais ou menos densas da foto, destacado sobre o vazio do espaço aéreo e quase obscurecido quando sobreposto às asas da nave. O tom sépia da imagem, associado ao negrito das letras, confere uma atmosfera saudosista, dando a impressão de tratar-se de uma ilustração dos anos 1950. Em pleno vôo, com os trens de aterrissagem ainda expostos, a imagem deste avião encontra-se carregada de significados, ainda que o procedimento de inversão da cópia iniba o reconhecimento de qualquer signo familiar. O vazio provocado pela ausência de uma logomarca e de qualquer apelo publicitário na imagem direciona a atenção para a leitura do seguinte texto:

> "Uma imagem revelada esta semana pela Nasa é o balde de água fria definitivo na crença de que um rosto humano poderia ter sido esculpido em Marte por uma antiga civilização extraterrestre. A crença foi gerada por uma fotografia realizada a partir da sonda *Viking*, há 25 anos. A Nasa tentou, durante vários anos, obter uma boa foto da região onde o rosto estaria localizado, o que foi possível somente agora. Os equipamentos

[2] Expressão cunhada por Lévy (1993).

de hoje, capazes de obter imagens tridimensionais, não mostram nada além de restos de uma montanha erodida" (Rennó, 1996-2003).

Ao confrontar esses signos visuais e verbais recolhidos em diferentes fontes, Rennó desperta no observador uma cadeia de novos significados de nenhum modo implicados na imagem ou no texto original. Se, legitimados pela razão científica, os últimos recursos tecnológicos desqualificaram uma antiga crença, vista desde hoje, esta montagem relativiza as narrativas míticas que normalmente acompanham os discursos das novas descobertas, colocando em perspectiva as suas atuais promessas de bem-estar social e de superação das desigualdades.

A utilização de arquivos públicos, poderosos reservatórios de experiências coletivas, e a apropriação de imagens da mídia, já incorporadas ao imaginário social, são práticas que acrescentam uma dimensão pública ao trabalho. Institui-se, nesses percursos, a figura de um autor e de um observador atravessados por códigos sociais e culturais definitivamente inscritos nos aparelhos técnicos e nos procedimentos artísticos.

As sociedades informacionais estão gestando uma cultura marcada pela propagação generalizada de dimensões virtuais, que invocam novos modos de experienciar o tempo e o espaço. A difusão da imagem em tempo real e a criação de espaços simulados ocasionam o deslocamento do aqui e do agora imediatos, promovendo a instauração de regimes de temporalidades múltiplas e de especificações espaciais complexas. Tais condições singulares são geradas pelo modo de funcionamento do aparato tecnológico ao desterritorializar domínios cada vez mais amplos da vida social e privada.

Tais deslocamentos espaciais, temporais e conceituais se fazem acompanhar por modificações no âmbito da representação, em especial no que se refere à desarticulação da relação causal entre imagem e objeto. Do ponto de vista da recepção, esta mutação se faz sentir na desconfiança em relação ao estatuto indicial da imagem, tradicionalmente pautado, como sabemos, na correspondência óptica e química entre modelo e representação. Entretanto, mesmo em vista desses afastamentos, o trabalho da imagem realiza-se pela mobilização do corpo e da sua matriz sensório-motora.

Do ponto de vista constitutivo, estas fotografias dos anos 1980 apresentam uma tendência à complexidade, modo particular de incorporar e de endereçar tais deslocamentos, singularmente notável em certos procedimentos, como na construção de cenários, na combinação de vários blocos de tempo, na tendência à fragmentação do plano e nas variantes da apropriação e da citação. Tais práticas evocam as relações diferenciais, simultaneamente virtuais e corpóreas, entre subjetividade e maquinismo na contemporaneidade. De modo exemplar, convergem a história pregressa do meio e anunciam, em um mesmo movimento, os seus desdobramentos futuros, inclusive no que concerne ao destino das imagens no contexto da digitalização eletrônica.

Referências visuais

Sandy Skoglund – www.sandyskoglund.com

Mike e Doug Starn – www.starnstudio.com

Rosângela Rennó – *O arquivo universal e outros arquivos*. São Paulo: Cosac Naify, 2003.

Referências bibliográficas

BERGSON, Henry. *Matéria e memória*. São Paulo: Martins Fontes, 1990.

DUBOIS, Philippe. *Cinema, vídeo, Godard*. São Paulo: Cosac Naify, 2004.

FATORELLI, Antonio. *Fotografia e viagem*: entre a natureza e o artifício. Rio de Janeiro: Relume Dumará, 2003.

LEVIN, Thomas. Rhetoric of the temporal index: surveillant narration and the cinema of real-time. *In*: LEVIN, Thomas; FROHNE, Ursula; WEIBEL, Peter (Orgs.). *CTRL [SPACE]: Rethorics of suveillance from Bentham to Big Brother*. Cambridge: MIT Press, 2002.

LÉVY, Pierre. *O que é o virtual?* Rio de Janeiro: Editora 34, 1996.

______. *As tecnologias da inteligência*. Rio de Janeiro: Editora 34, 1993.

______. *A máquina universo*: *criação, cognição e cultura informática*. Viseu: Instituto Piaget, s.d.

LYOTARD, Jean-François. *O inumano*. Lisboa: Editorial Estampa, 1997.

MERLEAU-PONTY, Maurice. *O visível e o invisível*. São Paulo: Perspectiva, 1984.

______. *Fenomenologia da percepção*. Rio de Janeiro: Freitas Bastos, 1971.

MITCHELL, William. *The reconfigured eye*: visual truth in the post-phtographic era. Cambridge: MIT Press, 1994.

RENNÓ, Rosângela. *O arquivo universal e outros arquivos*. São Paulo: Cosac Naify, 2003.

ROBINS, Kevin. *Into the image*: culture and politics in the field of vision. London: Routledge, 1996.

ROUILLÉ, André. Da arte dos fotógrafos à fotografia dos artistas. *Revista do Patrimônio Histórico e Artístico Nacional*, n. 27, pp. 302-311, dez. 1998.

Homo lumines

*Luiz Alberto Oliveira**

Para começarmos a nos aproximar do tema que se vai discutir, vamos partir de uma página extraordinária de um autor extraordinário, que é Jorge Luiz Borges. Um de seus contos incríveis chama-se "Tlön, Uqbar e Orbis Tertius". Inicia-se com uma conversa de Borges com Bioy Casares, em que Bioy, no curso do diálogo, recorda um aforismo que leu num verbete de enciclopédia, que dizia algo assim: "O sexo e os espelhos são condenáveis, porque multiplicam os homens." De onde teria vindo esta sentença tão altissonante? De uma edição pirata da *Encyclopaedia Britannica* de 1905. Examinam a enciclopédia de que dispõem na casa em que estavam, mas lá não há esta referência. Consultam outras, em outras bibliotecas, nada encontram, e em casa Bioy verifica que em seu volume há três páginas a mais, e nestas páginas há uma breve descrição geográfica de um local chamado Uqbar, uma remota província na Ásia Menor. Dizia-se ali também que a literatura era do tipo fantástico, e se referia sempre às regiões imaginárias de Mlenas e de Tlön.

* Físico e doutor em Cosmologia. Atua como pesquisador e professor de História e Filosofia da Ciência no Centro Brasileiro de Pesquisas Físicas (CBPF), ligado ao Ministério da Ciência e da Tecnologia.

Passa o tempo, e um dia Borges recebe uma inesperada encomenda de um engenheiro inglês que tinha travado uma amizade com seu pai, amizade daquelas que, no dizer de Borges, rapidamente evolui para o silêncio, e no pacote havia um livro, em cuja antecapa constava um brasão com o signo "Orbis Tertius". Tratava-se do décimo volume da primeira enciclopédia de Tlön. A perplexidade de Borges não tem limites: se antes Bioy e ele tinham descoberto num verbete de uma edição pirata da Britannica uma menção passageira a um país imaginário, Uqbar, agora tem em mãos um tomo de uma enciclopédia inteira dedicada a um mundo imaginário, o desconhecido mundo de Tlön. Para além dos aspectos bizarros da geografia e da fauna – os tigres transparentes, as montanhas de sangue – Borges admira-se sobretudo com a linguagem. As línguas do hemisfério sul não possuem substantivos, somente verbos: não há "Lua", só "lunescer". Já as do hemisfério norte não tem verbos, e os substantivos são definidos por encadeamento de adjetivos, assim, lua, ou luar, é "aéreo redondo sobre escuro fundo".

Também se vê que a principal concepção filosófica de Tlön é o idealismo radical, o idealismo de Berkeley. Qualquer pesquisa é sempre psicológica: não admira que toda a metafísica seja encarada como literatura fantástica, ou a mais fantástica literatura, deste ponto de vista radical. Borges assinala que essa ênfase na psicologia e no vínculo da existência com a apreensão psicológica é tão forte que os objetos que as pessoas vão esquecendo começam a se apagar na realidade, seus contornos começam a esmorecer. Por outro lado, coisas que de repente são lembradas podem aparecer, ou então algo que foi perdido e se deseja muito encontrar pode aparecer duplicado, uma vez como original e outra como cópia, criada pelo desejo – o que é a felicidade dos arqueólogos, pois agora basta que se deseje com suficiente intensidade um artefato ou fóssil para que ele apareça, ou seja, o passado se torna tão maleável quanto o futuro.

É num posfácio que Borges nos diz o que houve: uma sociedade no século XVII, vinculada a uma figura lendária, Christiaan Rosenkreuss, decidiu conceber e fundar um país perfeito. Juntaram-se especialistas e começou-se a descrever os aspectos deste país sem erros. Quando este projeto de séculos chegou na América, porém, adquiriu uma dimensão atlântica: em vez de conceber simplesmente um país perfeito, a renovada sociedade resolveu elaborar todo um mundo, inteiramente novo, de uma vez. Dos trabalhos dessa sociedade, de que participou inclusive o engenheiro amigo do pai de Borges, surgiram os primeiros quarenta volumes dessa primeira enciclopédia de Tlön. Daqui a cem anos, alguém por acidente ou esforço encontrará os cem volumes da segunda enciclopédia... Ao imaginar este outro mundo em todos os seus ínfimos detalhes, a sociedade "Orbis Tertius" produziu, evidentemente, a maior obra dos homens. Que outro lavor, que outra criação artística se poderia comparar à elaboração minuciosa de um mundo inteiro?

O relato se torna mais extraordinário a cada parágrafo – pois, à medida que começam a ser divulgadas as características de Tlön, a geografia, a história, as línguas, o mundo terrestre, que até aqui chamáramos de real ou concreto, passou a ser cada vez mais penetrado por entidades tlönianas. Surge no Museu do Vaticano uma antiga bússola, grafada num alfabeto desconhecido, que é um alfabeto de Tlön. Encontra-se um cone feito de um metal pesadíssimo, que três homens juntos não conseguem segurar, e depois de tocá-lo advém uma sensação de opressão – tal como sucedia com certos objetos de culto de uma religião de Tlön. O mundo humano começa a ser permeado por objetos inéditos sempre mais numerosos, e Borges reconhece que, quando em cem anos os cem volumes da nova enciclopédia forem descobertos, a invasão imaginária de hoje vai se acentuar ainda mais, o ensino das línguas, da geografia, da matemática da Terra será progressivamente substituído pelas línguas, geografia e matemática do novo mundo: "Não se escutará mais o inglês, o francês e o puro espanhol. O mundo será Tlön."

O que se pretende discutir aqui é a hipótese, certamente desafiadora, de que estamos vivendo uma ocasião de – como dizer? – "tlönização" do que temos chamado de "realidade". Ou seja, estaria atuando em nossa época um tipo de deriva, um deslocamento de certos fundamentos e de certos agentes que nos conduziria a uma reformatação radical – de âmbito autenticamente borgiano – do que tradicionalmente entendemos por realidade. Para poder abordar com alguma sobriedade uma tese tão provocante, certos elementos de base são requeridos; o primeiro suporte que iremos buscar remete à própria fundação do sistema de pensamento que denominamos de Ocidente, e vamos assim recordar a discussão que o formador ou definidor da filosofia, Platão, nos legou acerca da relação entre referente e imagem.

Sabemos bem que, em mais de um sentido, Platão pode ser comparado aos grandes tragediógrafos: como eles, apodera-se da matéria-prima dos mitos e os integra segundo um propósito novo e imprevisto, com uma força expressiva totalmente diferente. Do mesmo modo que Ésquilo, Sófocles e Eurípedes tomaram do mito e o distenderam para revelar a fissura na alma grega que se devia à instauração da pólis, este caldeirão de inovações radicais, técnicas, políticas, ideológicas, mentais, fazendo da tragédia a forma expressiva dessa cisão, pode-se dizer que Platão se apropria igualmente da herança mítica e das alegorias religiosas e as remodela para desviá-las, num sentido marcadamente a-religioso. Ou seja, ao invés de, desafiadoramente, atacar os cânones tradicionais e afirmar concepções puramente racionalistas (pois se recorda bem do que ocorreu com seu mestre Sócrates), astuciosamente ele disfarça-se de porta-voz vetusto dos ensinamentos ortodoxos, que repete com se fosse um sacerdote; e, no entanto, ele os está obrigando a servir como princípios primeiros, axiomas, fundamentos-base, para um tipo de argumentação ou alinhamento do pensamento que irá conduzir a conseqüências totalmente inéditas, e francamente a-míticas. Lembramos imediatamente do *Banquete*, em que cada um dos convidados deve produzir um discurso a respeito do que entende ser o Amor, e Sócrates, que tem estendido aos seus pés, amorosamente enlevado, ninguém menos que Alcebíades, o mais belo dos jovens de Atenas, afirma entretanto a necessidade de que sejam superadas as paixões pelos corpos sensíveis, pelos corpos belos, para que se possa vislumbrar (a palavra em grego é theoria) a Beleza. Mas para afirmar esta superioridade do teórico, do abstrato, sobre o concreto (que se encontra logo ao lado, fascinado e palpitante...), Sócrates (Platão) lança mão de um mito que ele teria escutado de uma sacerdotisa órfica, ou seja, enuncia como se repetisse um mito a idéia de que a natureza do amor é ser amor à Beleza. Ao revestir ou disfarçar de mito este princípio, este ponto de partida especulativo, Platão instala sobre as práticas humanas a regência de um ideal; da exaltação mítica passamos ao diagrama cristalino do idealismo.

Mas talvez o momento mais elevado deste Platão dramaturgo se dê no célebre livro VII da *República*, quando Platão nos propõe a inesquecível alegoria da caverna como representação da vivência quotidiana. Ou seja, Platão, pela voz de Sócrates, vai comparar nosso estar-no-mundo habitual – como nos apercebemos da realidade sensível, da qual dispomos através de nossos sentidos – à experiência de prisioneiros acorrentados numa caverna, com os rostos voltados para o fundo, sem poder movê-los, e nessa parede de fundo são projetadas sombras e silhuetas. Tal como num espetáculo de saltimbancos, há um sistema de fogos e lanternas que iluminam fantoches, manipulados por atores, e as sombras destes fantoches são projetadas no fundo da caverna, simulando pessoas, casas, acontecimentos. Quando os atores falam entre si, os ecos do fundo da caverna fazem parecer que são aquelas silhuetas que estão conversando. É este jogo de ilusões, esta 'realidade' derivada, secundária, que os prisioneiros são compelidos a perceber, e assim vão chamar este jogo de sombras de realidade. Mas, diz Platão, se um destes prisioneiros puder um dia se libertar e olhar para trás, ele veria aquele estranho aparato cenográfico, as lanternas, as marionetes, e duvidaria se aquele maquinário era de fato mais verossímil do que as sombras a que, afinal, estava acostumado. Ele duvidaria, legitimamente, acerca do que é verídico – as cenas que presenciou por toda a vida, ou esta série de traquitanas absurdas? – até que fosse conduzido para fora da caverna. Quando passasse o ofuscamento inicial devido à superabundância de luz, ele compreenderia que aqueles fantoches e encenações não eram senão cópias malfeitas dos verdadeiros objetos, das árvores, rebanhos e regatos da paisagem campestre que ora presenciava. E verificaria, principalmente, que esta realidade incomparavelmente mais autêntica é iluminada não por um fogo qualquer, mas pelo Sol, pelo divino centro da criação. Então ficaria plenamente convencido de que, de fato, aquela sim é a verdadeira realidade, e se condoeria ao recordar a triste condição de seus antigos companheiros de cativeiro.

O genial passo seguinte de Platão é sugerir que a nossa própria condição de criaturas sensíveis é perfeitamente comparável à deste prisioneiro. Nós também estamos aprisionados a um jogo de sombras, acreditando que este jogo é a realidade, e somente quando somos libertados e conduzidos para fora da "caverna" dos sentidos é que podemos avistar a verdadeira Realidade! A manobra astuta de Platão é nos obrigar a admitir que, assim como a representação encenada é secundária e enfraquecida em relação aos seres sensíveis, ou seja, a ovelhinha simulada é menos autêntica do que a ovelha pastando no campo, da mesma maneira esta ovelha que apreendemos com os sentidos é apenas uma sombra da Ovelha ideal. Então há uma ovelha ideal que está para as ovelhas sensíveis assim como as ovelhas sensíveis estão para as silhuetas de ovelha.

Vemos bem que é com um duplo movimento que Platão nos conduz. Primeiro ele nos convence, quando acompanhamos a libertação do prisioneiro, a constatar a verossimilhança cegante do mundo fora da caverna em relação à pobreza da simulação da caverna. Mas exatamente aí sofremos o golpe: o mundo sensível fora da caverna, a campina com as ovelhinhas, também não passa de uma ilusão. É preciso então que superemos nossos sentidos e nos tornemos capazes de apreender teoricamente, isto é, contemplar com o olhar do espírito, e não com a visão sensível; contemplar não os corpos, belos ou ovinos, mas, sim, contemplar as essências – a Beleza em si, a idéia de Ovelha. E, da mesma maneira que o Sol é o centro da realidade sensível, o Bem será o Sol central da realidade inteligível, a hiperidéia que organiza todas as idéias. É por esta arte soberba de dramaturgo que Platão nos apresenta a dupla oposição: primeiro entre a imagem e a coisa, ou seja, o simulacro, a simulação como oposta à realidade sensível e, a seguir, a própria realidade sensível como simulacro da realidade inteligível. Assim como opomos isto que tradicionalmente chamamos de realidade à nulidade da sombra, à existência meramente derivada da sombra, assim também isto que toco, provo, sinto é secundário em relação à Idéia-modelo.

Duas características são decisivas para se compreender o que está acontecendo aqui. Como é possível o argumento de Platão? Em primeiro lugar, porque oferece uma unicidade do referente, ou seja, imaginemos que se houvesse montado uma simulação, mas que esta representasse figuras ficcionais, criaturas de um zoológico marciano, digamos. É isto então que o prisioneiro se habitua a apreender como real: polvos azuis de cinco bocas e quatorze tentáculos. Se agora ele fosse transposto para fora da caverna, e se deparasse com a mesma cena árcade de pastores tocando flautas com suas ovelhas, ele não poderia reconhecê-la como real, e menos ainda como uma realidade de tipo superior, como mais real. É porque há uma univocidade entre o representado e o referente, há adequação entre o simulado e o modelo, que o prisioneiro, quando é libertado, imediatamente reconhece o que experiencia lá fora como indiscutivelmente mais vívido e autêntico do que o jogo de sombras no fundo da caverna. Se não fosse assim, se ocorresse esta multiplicidade de referentes, o pobre prisioneiro experienciaria não um fundamento, mas dois, três, muitos. Não um mundo, mas dois, três, muitos, e se despedaçaria sob este excesso de realidades.

Já outro elemento que também é necessário para a argumentação de Platão pode ser chamado de persistência da percepção ou do sentido. Ou seja, é o mesmo olhar que apreende o jogo de sombras no fundo da caverna, e que, depois de superado o ofuscamento de sair à campina, enxerga os objetos sensíveis. Esta persistência da visão, esta permanência do olhar, é evidentemente correlata à unicidade do referente: é o mesmo referente que está presente na relação imagem-modelo-simulacro, e é o mesmo olhar que apreende a sombra e o modelo. É aqui que repousa de fato o salto que Platão diz ser necessário para passar da percepção dos seres sensíveis para a contemplação das idéias. Há uma descontinuidade radical: o mesmo olhar avista as sombras e os modelos, a sombra da ovelhinha e a ovelhinha, mas para contemplar a pura "Ovinidade", a "Ovinidade em si", é necessário um outro olhar. Essa passagem é fundamental para que Platão nos convença da necessidade de superar a experiência sensível, pois é a partir dessa comparação entre diferentes graus de autenticidade que Platão irá justificar o banimento sobre os simulacros, que seriam não apenas uma realidade segunda, mas trariam o risco de um artificialismo, no sentido estrito do termo: fazer-por-arte, arte no sentido do artesão, do saber fazer, do saber produzir, afazer técnico, *tekhné*. E a partir dessa arte se poderia, de súbito, principiar a fazer simulacros que não imitassem, que não remetessem a modelo algum. As sombras na caverna pelo menos fazem o favor de copiar seus modelos, são fiéis, neste sentido. Mas a arte, como potência de fazer surgir formas, tem a capacidade de produzir sombras que não imitam os modelos ou, o que dá no mesmo, modelos cuja sombra é autônoma, arbitrária. Platão teme que a proliferação dos simulacros autônomos, a proliferação de imagens que não copiam os verdadeiros modelos, leve o mundo a uma dissolução total das formas, e que se perca não só a realidade sensível contaminada por fantasmas, mas que se perca o real modelar, que o real original se torne inalcançável. Supremo conservador de todos os reacionários, tudo o que Platão deseja é que as cópias reproduzam os modelos, que o futuro não seja mais do que o passado.

Pode-se dizer que, hoje, estamos nos distanciando desta concepção platônica de simulacro. Devido às inovações revolucionárias que surgiram ao longo do século XX, estamos nos tornando capazes de intervir nos próprios fundamentos, nos modos básicos de estruturação, dos corpos materiais. Ao mesmo tempo, os corpos materiais, enquanto fonte de estímulos para nossa percepção, estão se tornando plásticos. Analisando de outra maneira: hoje dispomos de dispositivos capazes de fazer chegar aos nossos sentidos os mesmos fluxos de luz, ou de outros suportes de informação, que um objeto iluminado "naturalmente". Começa a se dar uma deriva: tudo se passa como se, hoje, nos fosse impossível distinguir a simulação do referente; como se, uma vez que podemos simular com tal eficácia um referente de modo a lograr uma verossimilhança quase absoluta, não soubéssemos mais distinguir um referente 'real' de um referente 'fake', artificialmente produzido. Ou seja, vemos um míssil ser disparado de um navio, num videogame, e esse míssil atinge a biblioteca de uma cidade. Também vemos um míssil ser disparado de um navio, em uma guerra, e este míssil atinge a biblioteca de uma cidade. Num caso, destruição de mentirinha, no outro caso, destruição real. Mas a imagem que transporta estas duas cenas, e que anteriormente nos permitiria distinguir entre encenação e referente, não mais possibilita esta distinção.

Mais ainda, a esta capacidade de engendrar fluxos de sinais que são indistinguíveis dos emitidos pelos referentes tradicionais, a esta abolição da distinção entre referente e simulacro, em que a simulação e o simulado se con-fundem, deverá corresponder uma transformação do próprio olhar, na medida em que o horizonte dos desenvolvimentos técnicos é o de uma convergência entre dispositivos cognitivos artificiais e o nosso próprio suporte biológico, desembocando na conformação de um novo percebedor. Tanto do lado do referente quanto do olhar, estaríamos assim em vias de experienciar uma radical transformação dessa relação entre referente e simulacro. Para resumir esta tese numa frase provocadora, poder-se-ia dizer que, ao contrário de Platão, que considerava o simulacro, a imagem, como um real secundário, menor, doravante será legítimo afirmar que o virtual, a imagem, acrescenta real. Imagens como acréscimos de real: a abolição da distinção entre referente e imagem tem como conseqüência o fato paradoxal de que tudo o que projetamos é real. O virtual é real.

Mas para avaliar essa proposição audaciosa é necessário precisar um conceito: o termo virtual tem tradicionalmente o sentido de algo impalpável, e que portanto não é efetivo, não é capaz de promover ou acarretar ações. Mas à medida que dispositivos de virtualização, de produção de imagens, se con-fundirem com os próprios referentes, e à medida que nossa própria capacidade cognitiva e perceptiva seja alterada pela hibridação, pela integração de dispositivos sensórios externos à nossa herança biológica, teremos de pensar o termo num outro sentido: não o virtual platônico, impalpável ou puramente imagético, e sim o virtual de Maquiavel.

Para Maquiavel, grande pensador do poder, o príncipe necessita ter *virtù*. Quer dizer, ser virtuoso, ter virtudes, ser corajoso, generoso, esclarecido? Não exatamente: *virtù* é potência, é ter a capacidade de realizar uma ação. Uma parábola de cunho taoísta pode ser útil para ilustrar este sentido do termo: um caminhante, conta o sábio, olha para uma nuvem escura, e diz para si mesmo, "pode chover". Ou seja, não estão em seu poder, de nenhuma maneira, as vias ou meios para engendrar o acontecimento 'chover'. Mas a nuvem – a nuvem tem de, deve, necessita, poder chover. Ela tem de possuir em si mesma a capacidade de produzir a chuva, senão não choverá de modo algum. Para o caminhante, a chuva é uma possibilidade – pode chover ou não, ele não tem o governo da causalidade da chuva, não determina sua existência; mas para a nuvem, a chuva é uma virtualidade, ela tem a potência, o poder de realizar o chover. O caminhante lida com possíveis; o sábio apreende virtuais. A proposição que apresentamos acima pode assim ser resumida numa fórmula provocadora: à medida que se virtualiza, a realidade abarca mais real. Em vez de simplesmente se assinalar ou acentuar a diferença entre referente e simulacro, a disparidade entre modelo e cópia, a distância platônica entre o representado e sua imagem, o que está em jogo agora é a diferença entre possível e virtual; o que a virtualização maquiaveliana irá apontar é a potencial produção de mais real.

Para justificar este argumento, devemos examinar sua fundamentação concreta, material, e perguntar: o que sucedeu no século XX que teria permitido essa perturbadora possibilidade de ampliação e substituição da realidade 'tradicional'? Pode-se associar o desenvolvimento e proliferação do virtual-potência a uma transformação literalmente sem precedentes em nosso modo de apreender e manipular o mundo natural: a Revolução Científica contemporânea, a elaboração, a partir de 1900, do campo de inovações conceituais associadas a uma nova noção de objeto do conhecimento – o chamado objeto complexo- e a uma nova classe de saberes naturais – as chamadas Ciências da Complexidade. Poderíamos talvez tentar resumir os aspectos principais desta revolução tecnocientífica vinculando-a ao surgimento de três novas figuras de unidade constitutiva elementar: os 'átomos' de matéria (as partículas elementares), de atividade (os quanta de ação), e de organização (os bits).

A primeira figura, a dos átomos de substância, resultou da comprovação, em 1910, por Jean Perrin, de uma tese levantada por Einstein em 1905 e que, finalmente, 25 séculos depois de Demócrito, evidenciava a existência de átomos materiais, ou seja, a verificação de que as substâncias consistem de agregados de diminutas unidades materiais básicas – constelações de unidades materiais elementares, que Demócrito chamou de átomos, e que hoje denominamos de partículas. As atuais partículas são, portanto, a comprovação e sofisticação da idéia primitiva de átomo. Podemos fazer mais uma comparação borgiana, recordando agora “A Biblioteca de Babel”: "A biblioteca (que alguns chamam de universo)..." Como uma biblioteca poderia ser uma metáfora adequada para o universo físico? Mas o que é uma biblioteca, ou, por outra, o que é a literatura? Antes de mais nada, arranjos de letras do alfabeto. Letras se compõem e formam fonemas; fonemas se juntam e formam palavras; palavras se encadeiam e formam frases, frases se seqüenciam e formam parágrafos, parágrafos se sucedem e formam capítulos, capítulos se integram e formam tomos, que se somam e formam livros, que se distribuem nas estantes das bibliotecas. Eis então o que é uma biblioteca: uma sucessão integrada e hierarquizada de componentes elementares. Ora, podemos dizer que o mundo natural, abrangendo desde a microescala até a escala astronômica, consiste exatamente em uma sucessão de integrações de componentes deste tipo, ou seja, conhecemos hoje um alfabeto de seis letras chamadas quarks, seis letras chamadas léptons, e quatro 'colas', as forças. Um 'alfabeto' de 16 letras. Todos os corpos que conhecemos consistem de arranjos destas 16 letras: os quarks se juntam formando os prótons e nêutrons componentes dos núcleos atômicos, que se associam com elétrons (léptons) dando lugar aos elementos químicos, do hidrogênio ao urânio, que por sua vez se combinam em moléculas, que compõem os corpos, que se ligam fazendo astros, planetas e estrelas, que integram as galáxias, que fazem parte dos aglomerados de galáxias, de que consta enfim o próprio universo. Vemos então que, a partir da idéia de átomo de substância, a imagem da biblioteca de fato constitui uma metáfora extraordinariamente precisa para descrevermos a natureza tal qual a conhecemos hoje.

Não foi essa, contudo, a única figura de átomo que o século XX nos legou. Estudando um problema na descrição da relação entre a temperatura de um corpo e a cor da luz que ele emite quando aquecido, um grande físico chamado Max Planck fez em 1900 uma descoberta perturbadora, espantosa mesmo. Ele verificou que só podia resolver esta discrepância se presumisse uma entidade que até então ninguém havia jamais imaginado: um átomo de atividade, ou seja, uma unidade elementar de movimento; uma idéia, convenhamos, muito estranha. Quando queremos colocar alguma coisa em movimento, vamos imprimindo uma força e cedendo movimento para este corpo, na quantidade que quisermos. A idéia de "átomo de movimento" é a noção assombrosa de que existiriam blocos de movimento indivisíveis, pacotes unitários de atividade. Para Planck, tudo se passaria como se quando os átomos ou partículas materiais se deslocam no mundo microscópico, trocassem entre si estes pacotes, estes átomos (chamados quantum, no plural quanta) de ação. Quer dizer, tudo se passaria como se os movimentos dos átomos das substâncias fossem descontínuos, disruptivos: como se uma partícula saltasse de um valor de velocidade diretamente para outro, de 10 por hora para 60 por hora, sem passar pelos valores intermediários. É como se o mundo microscópico, em vez de estradas e ladeiras, tivesse andares ou patamares: ou bem se está no 11º, ou se está no 12º – não há estágios intermediários. Um mundo, um modo de ser da natureza, totalmente diferente do nosso. Tanto que Richard Feynman (um dos principais desenvolvedores da Microfísica Quântica, e escolhido o homem mais sabido do século XX) acabou por exclamar: "Ninguém compreende a Física Quântica!" Embora seja a mais bem verificada teoria já elaborada sobre o mundo físico, seus preceitos parecem saídos das páginas da Alice de Carroll.

A idéia de quantum de ação é de fato extremamente perturbadora, porque vai ocasionar uma mudança profunda em nosso próprio modo de produzir conhecimento. A razão é clara: quando queremos conhecer as propriedades de alguma coisa, devemos interagir com ela; por exemplo, lançando sobre a coisa uma sonda, um corpo-teste, estudamos o desvio sofrido por este objeto-sonda e deduzimos daí as propriedades desejadas. Posso fazer uma pergunta: onde é que está a parede? Para saber, pode-se usar, por exemplo, uma granada, e verificar, pelos resíduos, que a parede está – ou melhor, esteve – ali. Pode-se também usar um fuzil AR-15, e a parede também será localizada, ainda que bastante afetada. Mas também se pode lançar na parede inofensivas bolinhas de gude que causarão um efeito muito diminuto, e determinarão a posição da parede sem praticamente afetá-la. Em princípio, pode-se suavizar essa sondagem ou intervenção o quanto se quiser, e então ter conhecimento sobre o objeto como se ele estivesse imperturbado; como se não se estivesse perguntando. O problema é que quando se introduz a idéia de quantum de ação, a sondagem mais suave, a menor intervenção, que se poderá fazer será ceder ao objeto examinado, no mínimo, um quantum, um pacote de atividade. Não há frações desta unidade mínima. Então, o que se vai conhecer não será mais o objeto como que intocado, mas, sim, o objeto modificado por ter absorvido, no mínimo, um pacote de atividade. Conhecer, portanto, torna-se inseparável de transformar. O observador deixa de poder ser, mesmo em princípio, um contemplador, e adquire inevitavelmente o papel de um interventor. Assim, a própria natureza do ato de produzir conhecimento se altera em função da aparição deste segundo tipo de átomo, o quantum de atividade.

Mas essa não foi ainda a última figura de átomo à qual o século XX nos levou. Para examinar a terceira figura, precisamos fazer uma associação entre algumas noções. Em primeiro lugar, entre as noções de estrutura e diferença. Quando admiramos a Catedral de Chartres, digamos, nos perguntamos: do que consiste a Catedral de Chartres? A resposta é: um monte de pedra e vidro. Ora, trata-se de uma afirmação incontestavelmente correta, e, ao mesmo tempo, lamentavelmente insuficiente. Dizermos que cada um de nós é um conjunto de cem trilhões de células humanas e um quatrilhão de células não-humanas (ou seja, que somos uma vasta colônia de outros organismos), é do mesmo modo inteiramente verídico e radicalmente insuficiente. Pois evidentemente não somos o mesmo que seríamos se fôssemos passados por uma peneira celular, quer dizer, se comparássemos um monte de células moídas, de um lado, e um organismo íntegro, do outro. Substancialmente, há dos dois lados a mesma coisa, trilhões e trilhões de células, quer no montinho, quer na pessoa – mas há decerto uma diferença. Que diferença é esta? É a arquitetura, o plano arquitetônico que especifica a relação entre cada componente. Uma pedra deve estar na parede e outra no teto; se forem trocadas, a catedral cai. Ou seja, podemos dizer que esta organização, esta estruturação da Catedral de Chartres, ou de um organismo como o nosso, depende da especificação do lugar dos componentes.

Vemos, portanto, que a idéia de ordem tem a ver com a idéia de heterogeneidade, de haver diferenciação entre as partes ou entre as disposições das partes de um sistema. Um sistema homogêneo cujas partes sejam todas intercambiáveis é um sistema desestruturado. Logo, a idéia de estrutura remete a um plano geral de diferenciações, de hierarquizações, de distribuições.

Mas, por sua vez, a idéia de diferença pode ser vinculada à idéia de informação: posso quantificar a informação dizendo que ela é uma medida da diferença entre um sinal e um fundo de ruídos, o quanto este sinal se distingue do fundo. Este sinal deve portar uma distinção significativa, pois se ele se confundir com os sinais de fundo, não saberei distinguir mensagem com um conteúdo de uma simples algaravia. Para que possa haver comunicação, mediação de informação, portanto, é necessário que haja uma distinção nítida entre sinal e ruído, entre figura e fundo. Ora, se informação é uma medida desta distinção, pode-se dizer que informação é diferença; mas, como se viu, diferença é estrutura. O que é, então, uma transformação? Uma transformação num sistema qualquer, uma constelação de corpos que vai evoluindo de um modo qualquer, não é outra coisa senão uma mudança das disposições destes componentes, uma mudança na arquitetura da constelação que os componentes estão encarnando. Portanto, toda transformação é uma desordenação: desordena-se de um lado, ordena-se de outro, inseparavelmente. E se ordenação é estrutura, e estrutura é diferença, e diferença é informação, pode-se então dizer que toda transformação é um fluxo de informação, um diagrama de diferenças que vai progressivamente se implantando e desdobrando. Se definimos agora uma unidade elementar de informação – o bit – variações de teor de diferença ou de modos de organização em um sistema podem ser entendidos em termos de fluxos destes átomos de informação ou bits. Passamos assim a dispor de uma maneira integrada de descrever toda a gama de fenômenos que ocorre no mundo natural: trata-se de átomos de substância, que agem entre si trocando átomos de atividade, e os resultados desta atividade são as transformações que vão corresponder a fluxos de átomos de diferença.

À medida que os corpos físicos e seus modos de interação e de ordenação passaram a ser descritos por meio destes 'átomos', verificou-se a insuficiência da concepção clássica, de sabor reducionista, segundo a qual as propriedades de um Todo abrangente se resolveriam de modo linear, monótono e unívoco nas propriedades de suas Partes simples. Progressivamente, foi sendo descortinado, em vez disso, um panorama em que Todo, Parte e Meio se complicam, isto é, rebatem-se um sobre o outro, afetam-se de modo recíproco, contextualizam-se mutuamente. O estabelecimento desta hierarquia com-plexa de intermediações sucessivas e complementares entre o sistema, seus componentes e seu ambiente, ao cabo das quais novas ordenações podem emergir, se fez corresponder pela diluição das antigas fronteiras que demarcavam com nitidez os domínios próprios da existência física, da vida e do pensamento. Podemos lançar mão destas três imagens de átomo, de substância, de atividade, e de diferença, para tratar de modo integrado fenômenos que vão desde a escala microscópica até a escala cosmológica, e abordar a origem do universo, a origem da vida, a origem do pensamento. Estamos experienciando, no século XXI, a constituição de uma nova imagem do mundo natural, que podemos chamar de imagem da Complexidade.

Qual a razão para esta denominação? Plexo ou *plica*, em latim, quer dizer dobra. Ora, ao dobrar uma folha, por exemplo, acabo pondo em contato os lados que até então estavam separados. Mas quando se põe em contato os lados separados, criam-se novas dimensões. Ao dobrar a folha, criou-se uma relação de profundidade (e a sensação correspondente) que até aí não existiam, pois passa a existir uma superfície externa visível, manifesta, e uma superfície interna invisível, mas intuída. Não havia a diferença interno-externo, explícito-implícito; ao se dobrar a folha, esta diferença foi criada. Dobrar – ou complexificar – é portanto criar novas dimensões, novas possibilidades de atuação.

Um sistema complexo é um agente cujas ações se redobram ou rebatem sobre si mesmas, e que portanto modifica suas próprias estruturas, rearranja seus próprios componentes, reconfigura suas próprias capacidades para dar conta de um problema, atualizando um dado potencial de inovação. Ora, se doravante compreendemos o Cosmo como um sistema de sistemas complexos, em átomos dos três tipos que continuamente se redobram e se inovam, surge como desafio decisivo para nossa época a correspondente capacidade técnica de manipulação e intervenção no nível básico das relações constitutivas dos corpos materiais, quer em termos de substância, quer de atividade, quer de organização. Talvez o mais significativo resultado da emergência no século XX desta Tecnociência da Complexidade, o traço característico desta recém-adquirida capacidade tecnológica sem precedentes de operar com os fundamentos da organização dos seres naturais, seja a diluição dessa separação entre natureza e cultura, entre "naturato" e artefato.

Examinemos dois exemplos: primeiro, o Protocolo de Kyoto de 1998, que proclama que o clima global tem por principal agente modificador o conjunto da atividade humana. Não os vulcões, ou variações da radiação solar, ou a taxa de evaporação dos oceanos, mas o conjunto da atividade humana é hoje o principal fator de alteração do clima em escala global; ou seja, o clima global tornou-se, ao menos parcialmente, um artefato, um produto do nosso engenho e arte, ou da nossa estupidez e ganância. De outro lado, até o século XIX, havia muito claramente uma distinção entre interioridade e exterioridade, fundada na invisibilidade do corpo, quer dizer, apreendo o outro por sua exterioridade, por sua superfície; em meu interior, dentro de mim, só eu enxergo. Há uma dimensão inteiramente íntima e pessoal que só eu posso sentir: só eu posso auscultar as minhas sensações, perceber meus refluxos, ter a imagem interna de mim mesmo. Outros só teriam de mim uma imagem externa, ou seja, a opacidade dos corpos confere uma indiscutível distinção entre interior e exterior. Hoje, graças aos dispositivos de sensoriamento e escaneamento, o interior do corpo se tornou totalmente transparente. Há na Internet um indivíduo cortado em milhares de fatias de meio milímetro: o desvendamento absoluto, a interioridade visceral totalmente exposta, totalmente visível. Aniquila-se a divisão interior e exterior: o domínio a que antes somente o 'eu' de cada um de nós poderia ter acesso, agora se tornou transpassável, desvendável, publicizável. E é no âmbito desta perda de distinção entre natureza e cultura, entre naturatos e artefatos, que se diluirá também a distinção entre o real, o modelo, o referente, e o ilusório, a sombra, o simulacro. Na medida em que somos capazes, por dispositivos da chamada Realidade Virtual (que talvez devesse ser chamada de virtualidade real), de oferecer ambientes interativos com interfaces responsivas e experiência de imersão, ou seja, quando produzimos "ambiências" artificiais, produzimos novas formas de espaço, totalmente artificiais. Estamos fazendo com que o maquinário teatral se torne de tal modo potente e eficaz que se torne indistinguível da paisagem lá de fora, e tão veraz quanto ela. De fato, não há mais distinção entre simulacro e referente.

O resultado é que aquilo que era realidade secundária, realidade segunda, vem agora se tornar realidade equivalente, vem suplementar, amplificar a experiência de real. A realidade não será mais só este espaço no qual estou presencialmente, corporalmente imerso; a realidade será agora tudo aquilo que é trazido aos meus sentidos por uma variedade de mediações, de alcance cada vez mais amplo e extenso, e, mais ainda, por esta suplementação perceptiva e cognitiva acrescida de meios técnicos que cada vez mais me permitem agir sobre o outro. Vamos lembrar a experiência bastante notória de Stelarc, artista que instalou em seu corpo eletrodos acionados pela Internet, ou seja, de outros locais, por outras pessoas, submetendo-se assim a impulsos motores originados não somente de seu cérebro, como advindos de fontes exteriores – uma deslocalização da causa de seus movimentos. Um experimento altamente demonstrativo, que tem a mesma natureza perturbadora das cirurgias a distância, agora realizadas por cooperativas de cirurgiões, por meio de braços robóticos, guiados por uma conferência planetária de sumidades. Esta ação é realizada a distância por esta mediação telemática. Deslocaliza-se a percepção, desenraiza-se a capacidade de realizar a ação. Esta virtualidade nada tem de impalpável, nada tem de puramente imagética – ela é efetiva, produz modificações, e não só no sentido de deslocar corpos e realizar atividades no mundo; possui também um traço bastante perturbador, o de poder tornar-se imperceptível por generalização. Se dispositivos percepto-cognitivos, capazes de manipular informação, distribuir estímulos e produzir efeitos se multiplicarem e proliferarem nas taxas atualmente projetadas pelos mercados, é previsível que venham a se tornar invisíveis por disseminação.

Por exemplo, em vez de se projetar informação na tela de um dispositivo específico, qualquer superfície poderá vir a ser uma tela. Especula-se que em poucos anos deverá aparecer no mercado um tipo especial de tinta em que cada pigmento conterá um pequeno chip com um pequeno rádio. Estes pigmentos constarão assim de uma unidade processual capaz de contactar-se, através de seus radiozinhos, com os pigmentos ao lado, e estes com os outros, e assim por diante. O computador deixa de ser um objeto específico e passa a ser uma superfície, no interior da qual estaremos imersos. Na medida em que alguns destes pigmentos consistam de diodos orgânicos, que imitam das anêmonas e vaga-lumes a capacidade química de emitir luz praticamente sem calor, estas superfícies se tornariam não só processadoras, mas também emissoras – e interativas. Neste caso, os próprios ambientes adquiririam múltiplas funcionalidades, e quando imersos neles nossos sentidos desarmados não mais saberão distinguir o fóton, o grão de luz, que está vindo de um objeto físico, concreto, e o fóton gerado por um holograma. Olhamos na direção de uma parede, vemos uma linda enseada iluminada à noite. Uma tela ou uma janela? Como distingüi-las?! Este estado de coisas (e não-coisas) pode ser resumido pelo enunciado paradoxal: doravante, Imagem é Realidade.

Ademais, a tendência complementar a esta disseminação do poder de processamento e simulação é a hibridização de objetos técnicos no nosso próprio corpo. Com efeito, podemos dizer que a história do sucesso surpreendente de nossa espécie foi a do desenvolvimento de próteses de movimento, de percepção e de cognição, que permitiram aos nossos corpos bastante limitados alcançar um triunfo evolutivo excepcional. Não somos ágeis e velozes como os leopardos, nem grandes e fortes como os elefantes, nossas garras e presas são de fato quase ridículas; no entanto, ocupamos hoje todos os continentes de um pólo ao outro, todos os ambientes, todos os *habitats*, da beira dos mares aos desertos, no alto das montanhas e no fundo dos vales, das florestas tropicais aos pólos. Em todos os ambientes da terra, há presença humana.

Dos organismos superiores, apenas nós e as baratas conseguimos lograr essa onipresença – sendo que as baratas têm 250 milhões de anos de evolução, enquanto os humanos entraram no páreo há 4 milhões de anos somente; podemos com justiça celebrar o feito extraordinário de competirmos com as baratas. E o que permitiu este sucesso evolutivo invejável foi o desenvolvimento das próteses de ação, percepção e cognição que suplementaram as capacidades limitadas do nosso corpo. A pedra lascada é um dente que se transfere para a mão; o dardo ou a flecha são presas que se ampliaram e flexibilizaram; potes magnificam a concha das mãos; óculos, telescópios e lupas são potencializadores (ou reparadores) de percepção; a escrita é uma suplementação cognitiva, uma memória transferida para o barro ou a pedra.

Essas próteses, com que fomos enriquecendo o mundo, se tornaram um veículo pelo qual o pensamento pode migrar para o nosso exterior. Em vez de pensar apenas internamente, distribuímos pensamento para o mundo. Os astrolábios (ou o GPS) são dispositivos nos quais uma enorme quantidade de processamento cognitivo já está previamente embutida; não é necessário voltar a fazer cálculos e observações complexas e cansativas, pois tudo isso já se encontra compactado no astrolábio. É como se fosse pensamento *pret-à-porter*, e pensássemos com ele. De fato, transformamos a tarefa; trocamos cognição, cálculo mental, por percepção, a leitura do mostrador. Essa disseminação de objetos técnicos nestas três dimensões (movimento, sensibilidade e cognição) permitiu que a nossa espécie alcançasse uma produtividade incomparável e acumulasse enorme conhecimento sobre o mundo natural, hoje em dia sintetizado nesta nova imagem, a Imagem da Complexidade.

Ora, da mesma maneira que os dispositivos de processamento e simulação tenderiam a se confundir com o ambiente, pela generalização, analogamente essas próteses até aqui externas tenderiam cada vez mais a fundir-se com nossos próprios corpos. Na medida em que nos tornamos capazes de intervir em escalas microscópicas, vemos entrarem em cena novas e assombrosas tecnociências: a Biotecnologia, a capacidade de manipular a escritura básica da vida; a Nanotecnologia, a capacidade de intervir sobre a estruturação molecular básica da própria matéria; a

Cibernética, a capacidade de operar no nível básico da cognição – ou seja, dominar os três tipos de átomo, de substância, de atividade e de organização. Os fundamentos dos entes materiais, dos organismos vivos e das formações do pensamento são hoje suscetíveis de atuação técnica. A tendência que parece se consolidar é a de, em vez de dispormos de interfaces mediadoras entre os humanos e o mundo, que passemos a assimilar essas próteses. O passo seguinte do uso do computador será o dispositivo vestível, um colete, digamos, que permitirá a cada um estar conectado 24 horas por dia; ou então um par de óculos em que uma das lentes mostra a rua em que se caminha e a outra, simultaneamente, gráficos da bolsa de valores (os fótons que alcançam um olho, é claro, são tão 'reais' quanto os fótons que alcançam o outro). Progressivamente, estes dispositivos cognitivos iriam se integrando cada vez mais com nossos corpos.

Lembremos uma experiência decisiva que ocorreu há três ou quatro anos: uma lampreia teve eletrodos implantados em seu cérebro, que foram ligados a um computador e a um pequeno robô móvel. O cérebro da lampreia servia como unidade de processamento do robozinho, e este passou a se comportar como a lampreia se comporta, evitando os lugares claros e procurando os lugares escuros. Houve assim uma integração entre um processador orgânico e um processador de silício, um chip. Essa integração ainda foi muito tosca, de um neurônio inteiro com um terminal eletrônico, mas, muito brevemente, ela se dará de subestruturas neuronais com o terminal. Nesse caso, nossa própria maneira de perceber não será mediada exteriormente por próteses, será transformada internamente, inerentemente; ganharemos retinas parcialmente celulares, parcialmente "chipadas". E ambas serão tão efetivas para nós quanto as somente biológicas têm sido até agora. Lembremos do telefone na parede, de manivela, que virou o telefone preto, de mesa, que virou celular portátil, que não pára de virar outras coisas, computador, máquina fotográfica, gravador, rádio, toca-músicas. A tendência natural parece ser esse dispositivo multifuncional migrar para dentro, interiorizar-se, e assim estar cada vez mais próximo de nós. Em vez de uma tela, ele poderia atuar diretamente na nossa retina, em vez de um microfone, a nossa pele mesma poderia servir de condutor para que nosso ouvido escutasse. A Microsoft já patenteou um meio pelo qual nosso próprio corpo serve de placa-mãe de circuitos para as correntes eletrônicas que portam os fluxos de informação. Então, surgirá, quem sabe, daqui a alguns anos, a possibilidade de dispormos da escolha entre ser um indivíduo-individual ou um indivíduo-"em modo de rede". Tal como hoje um celular entra em rede com outros celulares, da mesma maneira um cérebro poderá ser um nodo ou um servidor de uma rede e não se precisará falar, pois os pensamentos se concatenariam diretamente através desta conexão internalizada. Para alguns, talvez pareça loucura; há cinco anos, a fotografia digital era loucura, há dez anos, a Internet.

Nesse momento em que não há mais unicidade do referente e não há mais a permanência do olhar; em que o referente se funde ao simulado e a virtualização se torna verossimilhante; em que a sombra se torna real e nosso olhar não permanece o mesmo, vai se virtualizando, adquirindo potência; em que se dissolve a fronteira e se abole a distância entre objeto e sujeito – é como se estivéssemos migrando para um tipo de novo homem, que poderíamos chamar talvez de Homo Lumines, o homem que lida com os átomos, com os átomos de substância, de atividade, de informação, de luz; que faz dos grãos de luz matéria-prima de uma nova forma, de um novo meio ou uma arte técnica; uma nova *tekhné* para agir, operar, existir, num mundo cada vez mais complexificado, inovador e instável, mas também, pelo menos aparentemente, cada vez mais injusto, iníquo e insustentável.

Neste estranho mundo em que se desenvolvem essas potências e capacidades, o que parece um simples objeto técnico para estocar informação, um CD ou pen-drive, poderia ser na verdade um signo e um instrumento da ampliação do fosso abissal que separaria tecnoelites privilegiadas das legiões crescentes de despossuídos, cada vez mais radicalmente privados de tudo? Se de fato este for o cenário em que iremos vivenciar este tipo de desenvolvimento técnico tão profundamente transformador, a conclusão a que podemos chegar é a de que não seremos mais os mesmos, nem viveremos como nossos pais. Pois o prisioneiro não está mais restrito à imobilidade e à contemplação passiva; enriquecido de próteses que lhe proporcionam habitar um espaço multifacetado e um presente de alcance planetário, torna-se ele mesmo um interagente, tomando parte eficaz na produção da encenação que testemunha; reciprocamente, o fundo da caverna e a paisagem ao ar livre se equivalem, coexistem, coalescem. O divino Artesão é, de fato, um divino Cenógrafo; Borges escreveu o Timeu, Platão fundou a Orbis Tertius... Estaríamos em vias de experimentar um real ampliado, um real potencializado, virtualizado, um ciber-real; uma nova Tlön que começa a ser habitada por centauros, híbridos de carbono e de silício. Esses centauros somos nós.

Referência bibliográfica

BORGES, Jorge Luis. "Tlon, Uqbar, Orbis Tertius". *In: Ficções*. Porto Alegre: Editora Globo, 1970.

Figuras na paisagem: estereoscopia

*André Parente**

Em 2004, ganhei o Prêmio Sergio Motta de Arte e Tecnologia com um trabalho que mistura técnicas fotográficas e computacionais na realização de uma instalação interativa intitulada *Figuras na Paisagem: Estereoscopia*. Esta instalação foi apresentada em uma exposição no Paço das Artes, em São Paulo, em agosto e setembro de 2005.

Neste texto, descreveremos a instalação realizada e depois a discutiremos em alguns dos seus principais aspectos técnicos e conceituais. Um dos grandes problemas da arte tecnológica é que as pessoas pensam a tecnologia como sendo o personagem principal do trabalho. Em relação ao trabalho de arte, acreditamos que o conceito da obra é que mais importa, sendo o meio empregado secundário. O meio condiciona o trabalho, mas não o determina. O que o determina é o seu conceito ou a sua expressão.

* Professor da Escola de Comunicação da UFRJ, coordenador do N-Imagem (Núcleo de Tecnologia da Imagem) desta Escola, além de artista e pesquisador da imagem e das novas mídias. Fez pós-doutorado na Université de Paris III (França) e realizou vários vídeos, filmes e instalações, nos quais predominam a dimensão experimental e conceitual.

A instalação mostra, em uma projeção de 4 metros de largura por 3 de altura, um homem e uma mulher que se olham, em campo/contracampo. No meio da sala, o espectador dispõe de um *mouse*, sob um cubo de madeira, para ativar a imagem de cada um dos personagens. Se o cursor é colocado na parte de cima da tela, a imagem avança em um *zoom-in*. Se colocado na parte de baixo, a imagem recua, em um *zoom-out*. Se o cursor é colocado na parte mediana, o movimento de *zoom* pára e a imagem fica parada.

À medida que o espectador provoca um *zoom*, ele percebe que a imagem é feita de várias outras imagens. A imagem do homem é formada por milhares de imagens da mulher e reciprocamente. Na verdade, para cada *pixel* da imagem das duas imagens, corresponde a imagem do outro, em contracampo. Portanto, o movimento de *zoom* se torna infinito e iterativo, como em um *zoom* realizado sobre uma imagem fractal.

Em uma imagem fractal, a parte é igual ao todo, de forma que a realização de um *zoom* em uma das partes corresponderia ao movimento de retorno ao seu início. É exatamente isto que ocorre com nossa instalação: vemos o homem (Ver Caderno de Fotos). Ele está em pé, olhando frontalmente para a câmera, na ala das palmeiras reais no Jardim Botânico (Rio de Janeiro). Ao fazermos um *zoom-in* sobre esta imagem, percebemos que ela é formada de milhares de outras imagens (Ver Caderno de Fotos). Ao nos aproximarmos das outras imagens, percebemos que se trata de uma imagem de uma mulher, também ela em posição frontal, em pé, na ala das palmeiras reais no Jardim Botânico (Ver Caderno de Fotos). Se continuarmos o *zoom*, chegamos diante da mulher. Ela também está parada, olhando frontalmente para o espectador (Ver Caderno de Fotos). Se continuarmos nosso *zoom*, percebemos que a imagem da mulher é formada por milhares de fotografias do homem (Ver Caderno de Fotos). Podemos continuar nos aproximando e voltarmos ao ponto de partida, que é a foto do homem.

A instalação se constitui em um movimento contínuo – caso se faça um *zoom-in* ou *zoom-out* – que envolve duas pessoas fotografadas frontalmente, em campo-contracampo (dispositivo principal da representação audiovisual), como na famosa figura da banda de Moebius, em que a imagem do homem constitui um dos lados da figura e a imagem da mulher, o outro. Percorrer os dois lados significa ir do homem à mulher, sem descontinuidade.

Além das imagens, temos um diálogo especular, entre os dois personagens. Este diálogo forma um *loop* que dura um minuto aproximadamente, quando, na verdade, o *zoom* que percorre os dois personagens, de A a B, dura, se for realizado de forma ininterrupta, 40 segundos, aproximadamente. Reproduzimos o diálogo especular do casal, acompanhado de algumas imagens do trabalho.

Entretanto, o *loop* do som do diálogo, reproduzido no espaço, é gravado a cada vez que é reproduzido. E a cada vez que é reproduzido ele difere do anterior porque o que é reproduzido é sempre o que foi gravado anteriomente. O *loop* de zom 1 é reproduzido e gravado simultaneamente, o *loop* 2 corresponde à segunda reprodução. Na segunda vez que é tocado, ele incorpora a reverberação devida ao processo de espacialização do som.

Esta instalação, interativa, feita com duas fotografias, apresenta inúmeros problemas conceituais: a importância do *loop* na arte digital; a questão de uma imagem mosaico realista que obedece aos princípios da imagem fractal, pelos quais se pode chegar ao todo pela iteração das partes; a questão da fragmentação da imagem e do som; a questão da especularidade da imagem, da imagem dele e da imagem dela, mas também entre imagens e sons; a questão, muito atual, relativa à temporalidade nas imagens fotográficas e finalmente a questão de uma interatividade sonora autônoma.

A imagem mosaico – poética do fragmento

Muitos artistas (Georges Seurat, Salvador Dali, Marx Ernst, entre outros) e movimentos artísticos (arte bizantina, impressionismo, pontilhismo, surrealismo, cubismo, entre outros) exploraram os elementos mínimos constitutivos das imagens antes mesmo da emergência da imagem mosaico eletrônica e digital. As possibilidades artísticas e tecnológicas das imagens mosaico em suas relações com certas idéias chaves da arte contemporânea – fragmentação das imagens, telas múltiplas, interatividade, imersividade, instalações multimídia – nos levaram a utilizá-la como estrutura básica desta instalação interativa.

No campo da fotografia, David Hockney, Chuck Close e Vik Muniz desenvolveram, cada um a seu modo, técnicas fotográficas próprias para a realização de imagens mosaicos. Na verdade, a imagem mosaico é um tipo específico de colagem: na imagem mosaico, a imagem, embora feita de várias outras imagens, não perde, em nenhum momento, a visão de conjunto.

Entre 1982 e 1987, o artista da Pop Art inglesa David Hockney experimentou intensamente as fotomosaicos, criando o que chamou de *Joiners*. Um *Joiner* consiste em uma série de fotografias tiradas de diferentes pontos de vista e arrumadas (sobrepostas) de modo a formar uma peça única. Com os *Joiners*, Hockney pratica uma espécie de cubismo fotográfico capaz de modificar o espaço por meio do processo de temporalização da imagem. Durante cinco anos, Hockney se dedicou a experimentar e aperfeiçoar a técnica dos *Joiners*, obtendo magníficas imagens-tempo. Algumas das fotomosaicos de Hockney possuem mais de 300 fotografias *polaroids* de 13 por 9 cm. Em geral, o espectador não pode apreendê-la de um só golpe, mas deve percorrê-la. Podemos dizer que a imagem é resultado desse percurso, no qual o espectador articula as diversas imagens e elementos que a compõem.

A primeira imagem mosaico digital consistindo em quadrados brancos, pretos e cinzas foi realizada por Leon Harmon (*Retrato de Abraham Lincoln,* 1971-73)[1] para testar o reconhecimento da face. Este trabalho chamou a atenção de Salvador Dali, que, partindo dele, realizou o quadro *Gala Contemplando o Mar Mediterrâneo o qual, a vinte metros de distância, se torna o Retrato de Abraham Lincoln* (1976).

---

[1] Harmon, Leon. The recognition of faces. *In*: *Scientific American*, 1973.

Mais tarde, em 1996, Robert Silvers realizou, no MIT Media Lab, uma pesquisa que culminou com a criação do primeiro programa para produção de fotomosaico. Uma das primeiras imagens em fotomosaico é a da *Monalisa*, composta por milhares de imagens da história da arte. No final dos anos 1990, Adam Finkelstein (Princeton University) desenvolveu um programa para a realização de videomosaico[2].

Entretanto, os programas de fotomosaico não suportariam a produção de uma imagem grande o suficiente de modo tal que um pequeno detalhe seu contivesse milhares de outras imagens. A razão principal é que os programas de visualização de imagens mosaicos não permitem fazer um grande *zoom* em uma das imagens que a compõem, sem uma perda correspondente na qualidade da imagem, o que inviabilizaria a nossa proposta. Lembramos que nossa instalação apresenta dois níveis de navegação, correspondente às duas imagens.

Foi então que tivemos a idéia de utilizar um outro programa, um sistema de visualização com multirresolução, desenvolvido por Sergio Machado Pinheiro (2004)[3]. Esta técnica nos permite manter a resolução da imagem constante ao longo do *zoom* e, com isto, nos permite entrar em uma das pequenas imagens que compõem a fotomosaico.

Esses dois tipos de programas utilizados conjuntamente nos permitem, portanto, penetrar em uma imagem, podendo ver as imagens que a compõem em seus mínimos detalhes, sem perder a resolução mínima preestabelecida (em nosso caso, 800 por 600 *pixels*).

---

[2] Existem, hoje, muitos programas de criação de imagens mosaico. Os mais conhecidos são: *Mosaic Creator, PhotoMontage, Retriever, Tyler, PictureImage, PhotoTile*. Uma discussão interessante sobre a imagem mosaico, tanto em seus aspectos técnicos quanto artísticos, pode ser encontrada na tese *The temporal image mosaic*, de Craig Knowles (Queen's University Kingston, Ontario, 2003 www.cs.queensu.ca/home/knowles/Thesis2003.pdf).

[3] Ver em www.visgraf.impa.br/RefBib/Data/PS_PDF/student-phd-2004-02-sergio-pinheiro/

Uma das questões colocadas pelas imagens mosaicos é quanto à estética ou poética do fragmento. A estética do fragmento tem a ver com a implosão da obra como centro e totalidade. Como disse Roland Barthes, "a incoerência é preferível à ordem que deforma". Entretanto, a poética do fragmento possui características formais e de conteúdo, próprias. Formais: exprimir o caos sem reduzi-lo. Mostrar que um rosto ou uma paisagem aparentemente caótica é formada de muitas paisagens singulares que nos permitem realizar deslocamentos interessantes. Conteúdo: afastar o "monstro" da totalidade com a idéia de que uma imagem sempre "esconde" uma outra imagem ou remete a uma outra imagem. Trata-se de um convite para o espectador explorar a imagem como uma paisagem de paisagens, uma vez que uma paisagem remete a outras paisagens, ao infinito: "A desorientação seria a condição da paisagem" (Jean-François Lyotard).

A imagem fractal – poética do caos

O segundo aspecto está ligado ao que chamamos de poética fractal. Neste caso, o fractal se apresenta como uma dimensão intermediária capaz de nos fazer transitar entre o contínuo e o descontínuo, a ordem e a desordem, o global e o local, o ponto e a linha, a linha e o plano, o plano e o volume... o campo e o contracampo.

Quem se lembra de Proteu? Proteu é um mito fractal. A cada uma das perguntas que sua filha faz sobre sua identidade, ele se metamorfoseia: Proteu é água, é fogo, é pantera. Cada resposta nos dá uma imagem local e uma impossibilidade de imagem global. Mas quem é realmente Proteu por detrás deste caos de aparência? Quem é Proteu quando ele não é mais água e não é ainda fogo? Puro interstício, possível, virtualidade: unidade fractal! Proteu é ponto, é linha, é plano, é volume e é tempo. Qual a dimensão de Proteu? Depende do ponto de vista, diria Mandelbrot. A uma grande distância, ele é um ponto (dimensão 0). Mais de perto, ele é um novelo de linha (dimensão 3). Mais de perto ainda, ele parece um plano (dimensão 2). Mais de perto, chega-se ao ponto zero. O que é Proteu quando ele não é mais ponto e não é ainda novelo de linha? Um fractal, um interstício, um entre radical, uma dobra, que nos permite ver e viver a imagem em dimensões e freqüências diferentes, cada uma delas com suas problemáticas e formas de existência. As imagens fractais, auto-organizadoras, se repetem e ao se repetirem, se metamorfoseiam. O fractal como imagem do infinito: a imagem como mesmo, dimensão zero, e outro, dimensões múltiplas, infinitesimais.

A geometria fractal, criada por Benoit Mandelbrot, é uma técnica matemática utilizada para descrição de objetos irregulares e caóticos (nuvens, a copa das árvores, as esteiras dos navios), nos quais o padrão e o grau de sua irregularidade e/ou fragmentação são idênticos em todas as escalas.

A dimensão fractal, intermediária, da instalação *Figuras na Paisagem: Estereoscopia*, é múltipla. Em primeiro lugar, há uma indiscernibilidade da instalação quanto à técnica. Não sabemos se é fotografia, cinema ou infografia. Por outro lado, quanto à imagem dos personagens, estamos sempre em uma dimensão intermediária, entre um e outro. Quanto à relação entre o som e a imagem, há um paradoxo, pois o diálogo fala de uma interioridade especular – "quero ver o que você está vendo de mim" – que é desmentida pela imagem, que é pura exterioridade, como na Banda de Moebius.

É como se a instalação respondesse à questão sobre a identidade de Proteu com uma dimensão temporal: "O tempo é a substância mesma da qual sou feito. O tempo é o rio que me carrega, mas eu sou o rio: é o tigre que me rasga, mas eu sou o tigre: é o fogo que me consome, mas eu sou o fogo..." (Jorge Luiz Borges, *Nova Refutação do Tempo*).

A imagem em *loop* – poética da diferença e da repetição

Recentemente, dirigimos uma dissertação que discutiu a importância do *loop* na arte digital.

> "O *loop* consiste na repetição de pequenos trechos visando à criação de um todo cujo significado ou comportamento

> extrapole o de suas partes constituintes. O *loop* torna-se importante na medida em que existe como um conceito, possibilitando diversas apropriações (que possuem semelhanças que permitem o agrupamento de todas essas possibilidades neste mesmo conceito), e também como ferramenta, possibilitando resultados impossíveis de serem alcançados sem seu uso" (Couri, 2006).

Na arte digital, os elementos mínimos não são o *sample* (para o som), e o *pixel* (para a imagem), mas os *loops*. O *loop* é a unidade básica do processo de repetição e diferença de muitas obras digitais.

No caso de *Figuras na Paisagem: Estereoscopia*, há uma série de *loops* que compõe a instalação. O som tem como unidade básica o diálogo especular com o outro ("quero ver o que você está vendo de mim"). A imagem tem várias dimensões de *loop*: uma dimensão interna, a imagem mosaico, composta de outras imagens, imagens do outro; e o *zoom*, produzido pelo espectador, produz um *loop* "externo", que consiste na passagem do mesmo ao outro. Mesmo e outro são os modos de relação que contaminam todas estas dimensões (imagem e som, imagem mosaico e *zoom* fractal), nas quais, seja pela interioridade, seja pela exterioridade, o que se afirma é a pura alteridade (eu é outro).

Os *loops* são processos de temporalização, por meio dos quais, pela repetição, geramos a diferença, passando sem cessar do mesmo ao outro. *Figuras na Paisagem: Estereoscopia* é um destes trabalhos em que a fotografia apresenta uma dimensão temporal forte, isto que Philippe Dubois (1999) chama de "*efeito filme*" da fotografia contemporânea, uma imagem que implica um trabalho cinético do olhar, um espaço a percorrer, um tempo a experimentar consubstancialmente. Deleuze já dizia que a diferença do cinema para a fotografia é que a fotografia era um molde, uma fôrma, enquanto o cinema é um processo ininterrupto de modulação. Com *Figuras na Paisagem: Estereoscopia*, passamos constantemente do molde à modulação, como em um processo contínuo de anamorfose cronotópica.

Referências bibliográficas

COURI, Aline. Imagens e sons em loop: tecnologia e repetição na arte. Dissertação (Mestrado) – Programa de Pós-graduação da Escola de Comunicação, Universidade Federal do Rio de Janeiro, Rio de Janeiro, 2006.

DUBOIS, Philippe. *L' effet film*. Paris: Catálogo de Exposição, 1999.

PINHEIRO, Sergio. Um sistema de cache preditivo para o processamento em tempo-real de grandes volumes de dados gráficos. Tese (Doutorado) – Departamento de Informática, Pontifícia Universidade Católica, Rio de Janeiro, 2004.

Transcinema e a estética da interrupção

*Kátia Maciel**

Transcinema é o cinema situação, ou seja, um cinema que experimenta novas arquiteturas, novas narrativas e novas estratégias de interação.

Se o cinema desde o início foi experimental ao combinar meios e também ao multiplicar os formatos de exibição, hoje cada vez mais este sentido original de discussão do seu dispositivo migrou para as experiências visuais, sonoras e sensoriais que encontramos nos museus e galerias.

Conceituamos como *transcinema* uma imagem pensada para gerar ou criar uma construção de espaço-tempo cinematográfico em que a presença do *participador*[1] ativa a trama que se desenvolve. *Transcinema* é uma forma híbrida entre a experiência das artes visuais e do cinema na criação de um envolvimento sensorial para o espectador que como participador do filme produz a própria montagem, define velocidades, cores, diálogos em um fluxo combinatório, experimentando sensorial-

* Artista multimídia, realizadora de filmes e vídeos e, desde 1994, professora da Escola de Comunicação da UFRJ, onde integra o grupo de pesquisa N-Imagem.

1 Conceito criado por Hélio Oiticica para caracterizar o espectador como parte da obra. Sem a participação do espectador, a obra não existe.

mente as imagens espacializadas, de múltiplos pontos de vista. *Transcinema* é o cinema como interface, isto é, como uma superfície em que podemos *ir através*.

O *participador* é o sujeito da experiência das imagens, não mais aquele que está *diante de*, como o sujeito renascentista, mas aquele que está no *meio de*, como nos sistemas imersivos. Neste caso, o "participador" é parte constitutiva da experiência proposta, não mais um espectador que assiste àquilo que passa, mas um sujeito interativo que escolhe e navega o filme em sua composição hipertextual, em suas dimensões multitemporais, multiespaciais e descentradas, ao conectar uma rede de fragmentos de imagens e sons e ao multiplicar os sentidos narrativos.

A pesquisa de novas modalidades da construção da experiência cinema contemporâneo interativo e imersivo na forma das instalações contemporâneas nos levou a reunir uma série de trabalhos que discutem este momento de passagem em seus aspectos teóricos e experimentais a partir de duas perspectivas principais: o dispositivo e a narrativa interativa. Como dispositivo, o cinema vive o fim da "moldura" e como narrativa, o filme é uma forma a ser interrompida.

Dispositivo: o cinema e o fim da "moldura"

A idéia de tela como o infinito cinematográfico ou do campo como limite do plano fílmico está sendo redefinida pelo surgimento de novas interfaces.

Se desde a fotografia falamos de uma arte do tempo, com o cinema, o vídeo, a videoarte e a arte digital aperfeiçoamos o controle deste tempo. E no que mais pensamos quando conceituamos a arte como interativa? Pensamos em uma situação que é ativada dentro do tempo da obra. Entendemos a interatividade como uma interferência do participador na temporalidade desta obra. A experiência do cinema sempre esteve confinada aos contornos da tela e à linearidade temporal. O que está na tela é o filme e o que se anuncia fora da tela, o extrafilme, o que se convencionou chamar no cinema de campo e extracampo cinematográfico.

Com as tecnologias recentes de produção e finalização de imagens experimentamos uma *situação-cinema* gerada pela agilidade de uma imagem-sistema que permite um acesso de *input* e *output* em tempo real, o que significa que a imagem identifica a nossa presença e responde a esta circunstância. Neste sentido vivemos uma estética da interrupção. O que define o comportamento diante da obra não é mais uma duração contida nos limites de uma tela, mas o instantâneo do corte, da ruptura, da montagem e combinação disponível ao participador. Interromper para modificar. Interromper significa suspender; atalhar; fazer parar por algum tempo.

Em seu trabalho *Experimentando cinema* (2004/5), Rosângela Rennó experimenta mover imagens em telas de gelo seco. Inventa filmes a partir da projeção na fumaça de fotos de arquivo: filme de amor, filme de família, filme de guerra e filme policial. Cada filme contém 31 fotografias. Os gêneros do cinema são homenageados na montagem da artista. O movimento é quase instantâneo, a fumaça faz aparecer e desaparecer a imagem, suspensa pelo desaparecimento momentâneo do suporte. Oito segundos é a duração da tela entre o *fade in* e o *fade out*. O intervalo dura 30 segundos. O próprio dispositivo gera a intensidade do suspense no público. Outra homenagem ao cinema que nos lembra as experiências de Etienne-Jules Marey, que cria uma máquina de fumaça apenas para fotografar seus fluidos.

Masaki Fujihata cria um sistema que integra câmera e GPS para gerar uma imagem topológica. Em uma série de entrevistas que realiza entre a França e a Alemanha, o artista aponta o próprio percurso como tema e forma da sua experiência. Quando entramos em sua instalação *Workfields@alsace* (2003/4), vemos, por meio de óculos 3D, telas que flutuam no espaço diante de nós. As telas estão ligadas por fios virtuais que reproduzem o mapa topológico das entrevistas. Cada tela é um ponto no mapa. Como participadores, selecionamos as imagens pelas quais desejamos navegar, criamos diferentes atalhos que relacionam umas imagens às outras.

Com *Soft cinema* (2005), Lev Manovich e Andreas Kratky geram filmes randômicos que integram cinema e base de dados. Os autores disponibilizam três filmes diferentes – *Missão à terra*, *Texas* e *Ausências*. Estas experiências combinam novas estruturas de produção e de consumo de imagens permitadas pelas interfaces computadorizadas. Com telas multiplicadas que acessam diretamente os arquivos randômicos, o *design* de *Soft cinema* foi pensado para que cada usuário assista a uma versão diferente de cada filme.

Jeffrey Shaw, na instalação imersiva *EVE*[2] (1993), propõe uma experiência na qual o participador penetra em um espaço circular e assiste a um filme projetado apenas no ponto em que olha, enquanto o restante do domo permanece sem imagens, isto em função da captura de seus movimentos por sensores que informam ao sistema o ponto para o qual o espectador olha. A experiência de Shaw faz coincidir no mesmo espaço-tempo o espectador e a imagem, por meio da onipresença do olhar.

Na instalação que realizei intitulada *Ondas: um dia de nuvens listradas vindas do mar* (2006) (Ver Caderno de Fotos), duas projeções e o visitante estão integrados por meio de sensores. Em situação de repouso, o piso da sala é a imagem da areia da praia e a parede, a imagem do mar. Ao identificarem a presença do participante, os sensores disparam outras projeções que estão sincronizadas. O que vemos, então, na tela frontal é o processo de verticalização do mar, enquanto no piso vemos a intensidade da movimentação de ida e volta de cada onda. Pensamos a presença do espectador como agente formador da conexão entre as ondas que se acumulam na tela frontal com a tela sobre um piso em que as ondas vêm e vão. O efeito que sentimos é o de transbordamento de uma imagem sobre a outra. Desta maneira, operamos com o fim do limite entre um plano e outro, entre uma tela e outra.

Consideramos esses exemplos formas de cinema-instalação, isto é, um cinema instalado em um ambiente predeterminado no qual a espacialização da projeção é essencial para que a experiência fílmica

---

[2] *EVE – extended virtual environment*, 1993.

se realize. O fenômeno de uma arte que se desloca no tempo e no espaço e que redefine a presença em sua relação com a obra se desdobra em muitas camadas de operações teóricas e experimentais. Os artistas que hoje realizam instalações somam as noções de projeção e narrativa às idéias de interatividade, conectividade e imersividade.

A construção de espaços outros há muito constitui um problema para as artes. A invenção do espaço tridimensional renascentista, a ruptura com este espaço pela modernidade e a criação do espaço imersivo na contemporaneidade indicam o movimento desta idéia no tempo. Não há como pensar as proposições da arte que se constrói a partir do uso dos novos dispositivos tecnológicos sem estabelecer continuidades entre os múltiplos extratos históricos. Se pensamos na maneira como, no Brasil, o Neoconcretismo problematiza a quebra da moldura e a espacialização da pintura, esclarecemos um processo que irá resultar na inclusão do espectador na obra.

Ferreira Gullar pensa, por meio da teoria do não-objeto, a impossibilidade de se definir os contornos e limites espaciais da obra em relação ao espaço. Nas palavras do poeta, não há mais figura e fundo, porque "o fundo é o mundo". O cinema enfrenta agora a questão então colocada pelos neoconcretos. Como "ser" mundo?

Narrativas interativas: o sujeito interativo e a narrativa do espaço-tempo

Em seu início o cinema foi construído a partir do dispositivo fotográfico e teatral, isto é, a posição do projetor repetia a posição da câmera na sua relação com o fotografado e o que era encenado repetia uma situação teatralizada. É apenas quando a câmera se emancipa do projetor com a montagem e com a filmagem em movimento que o cinema encontra uma linguagem própria e se afasta da idéia de cena.

Hoje, as telas não se fixam mais em uma estrutura preestabelecida, mas se apropriam do espaço em torno e criam situações imersivas a partir de projeções que associadas ao uso de outros dispositivos, como o GPS, por exemplo, adquirirem uma forma topológica. Não estamos mais diante das telas, mas imersos em projeções que se sofisticam na construção de múltiplos espaços.

A variedade de formas a que chamamos de *Transcinemas* produz uma *imagem-relação*, que, como define Jean Louis Boissier, é uma imagem que se constitui a partir da relação de um espectador implicado em seu processo de recepção. É a este espectador tornado participador que cabe a articulação entre os elementos propostos e é nesta relação que se estabelece um modelo possível de situação a ser vivida, uma relação que é exterior aos seus termos; não é o artista que define o que é a obra, nem mesmo o sujeito implicado, mas é a relação entre estes termos que institui a forma sensível.

É a este *cinema relação* criado de situações de luz e movimento em superfícies híbridas que chamamos de *Transcinema*.

Referência bibliográfica

BOISSIER, Jean Louis. *La relation comme forme*. Genebra: Mamco, 2004.

Dispositivos em evidência: a imagem como experiência em ambientes imersivos

*Victa de Carvalho**

"Pertencemos a dispositivos e neles agimos"

(Deleuze, 1996, p.84)

A crescente diversificação dos modos de ser da imagem e as novas formas de experiência inauguradas pelas tecnologias apontam para a possível problematização do dispositivo imersivo, ao mesmo tempo que contribuem para a formação de novos modos de subjetividade. Cada vez mais as experiências propostas pela arte eletrônica e pelas chamadas Novas Mídias desafiam nossos mecanismos perceptivos e indicam a necessidade de uma análise que privilegie o caráter processual da experiência que se dá na inter-relação entre sujeito e dispositivo.

O termo "imersão" vem sendo amplamente utilizado para descrever uma situação em que o espectador experimenta um estado de ilusão capaz de provocar uma sensação de realidade, de presença a distância

Fotógrafa e mestre em Comunicação e Cultura pela Escola de Comunicação da UFRJ. É doutoranda da Linha de Pesquisa "Tecnologias da Comunicação e Estética" e pesquisadora colaboradora do Laboratório de Fotografia e Imagem Digital da Central de Produção Multimídia da mesma Escola.

ou de telepresença[1]. Sem dúvida, a criação de dispositivos de imersão constitui um campo aberto de possibilidades e experimentações, e estas podem produzir transformações na subjetividade humana, tendo em vista uma concepção de subjetividade que ultrapassa a oposição clássica entre sujeito individual e sociedade (Guattari, 1992, p. 11).

Segundo os autores Jonathan Crary (1990) e Sarah Kofman (1973), dispositivos como a *câmera obscura* desempenharam diferentes papéis em diferentes momentos históricos. Se, por um lado, o modelo de subjetivação no mundo clássico encontra na *câmera obscura* uma metáfora para a constituição de um sujeito racional que tem o conhecimento como verdade, por outro lado, a modernidade marcaria essa ruptura com a visão racional e estática da *câmera obscura* a partir da relativização da verdade e do surgimento do corpo como instrumento essencial para a compreensão do real. Partindo deste pressuposto, nossa reflexão sobre o dispositivo imersivo indica a formação de um conjunto de elementos heterogêneos e modalidades discursivas a cada formação histórica e se afasta de qualquer intenção teleológica.

Levando-se em conta a diversidade das obras, supomos que as propostas apresentadas por diversas instalações contemporâneas de arte virtual imersiva indicam uma nova modalidade de experiência que se torna possível apenas a partir do dispositivo criado por tais artistas. As experiências nestas obras podem ser vistas também como indicadoras de uma transformação da subjetividade articulada à multiplicidade e à transitoriedade, que se estabelece no ato mesmo da experiência com o dispositivo.

O dispositivo é, sem dúvida, um dos conceitos nodais da obra de Foucault e, apesar de já amplamente estudado e comentado, é de grande relevância para a articulação que propomos. O dispositivo em Foucault não é constituído apenas por sua parte técnica, ou por um

[1] A telepresença é definida por Eduardo Kac (1996, p.1) a partir de uma concepção robótica: "controle a distância de um robô não autônomo em um lugar distante".

equipamento, mas por um regime de fazer ver e de fazer falar. É composto por curvas de enunciação e de visibilidade, e não há como escapar de suas lógicas de saber e poder. A abordagem do dispositivo panóptico, modelo de vigilância capaz de produzir e relacionar subjetividade e visibilidade, não ficou restrita à prisão. Sua aplicação se estendeu a outras instituições como escolas e hospitais sob a forma de um dispositivo modelo. A idéia de que o dispositivo é um regime de constituição de sujeitos e objetos é fundamental também em nossa análise.

A pluralidade de experiências imersivas na contemporaneidade parece nos indicar a formação de subjetividades fluidas e heterogêneas, na medida em que nos distanciam da compreensão cartesiana de subjetividade pela qual o sujeito é idêntico ao seu pensamento. No lugar do sujeito universal, observamos, hoje, novas subjetividades múltiplas, nômades, construídas. Sob a perspectiva de Gilles Deleuze, para quem a melhor forma de ver os sujeitos é como processos de subjetivação variáveis conforme as épocas (2000, p. 123), percebemos através destas obras imersivas uma crítica radical ao sujeito convencional.

Trata-se aqui de redimensionar o papel do dispositivo e da experiência imersiva, tendo em vista a emergência de novas formas de subjetividade na contemporaneidade. Afastar-nos-emos das concepções que privilegiam apenas o caráter maquínico do dispositivo, para pensá-lo a partir de suas dimensões arquitetônicas, tecnológicas e estéticas. Num jogo de continuidades e descontinuidades, iniciaremos nossa busca analisando o dispositivo cinema descrito por Jean-Louis Baudry (1975), imersivo por excelência, para então, mais adiante, estabelecermos uma relação entre o "efeito-sujeito[2]" produzido pelo dispositivo cinema e a experiência imersiva contemporânea em algumas instalações de arte.

Partimos da premissa de que a formulação e o papel do dispositivo nas experiências das artes ditas imersivas vêm sofrendo modificações

---

[2] No texto *O dispositivo: aproximações metapsicológicas da impressão da realidade*, Jean Louis-Baudry (*op. cit.*) aponta para um estado de sujeito produzido pelo dispositivo cinematográfico como conseqüência do efeito-cinema.

na medida em que este não se define apenas por um sistema técnico, ou por um produtor de efeitos que direciona e estrutura as experiências, mas como o que deve ser explorado e evidenciado através de uma imagem-experiência que se dá na duração dos deslocamentos. A experiência nestes dispositivos corresponde a uma atualização que acontece na relação com o espectador.

Na tentativa de reinterpretar o papel do dispositivo nas instalações imersivas, é possível questionar se o que está em jogo é a busca por uma "impressão de realidade" efetuada através de um dispositivo que se oculta para garantir sua eficácia, como o dispositivo cinema, ou a compreensão do dispositivo como o que agora passa a ser apresentado e explorado a partir de uma experiência dada ao longo de uma performance individual ou coletiva. De uma forma paradoxal, essas alternativas não nos parecem, a princípio, absolutamente excludentes.

Muitas das narrativas dos anos 1990 apontam para uma quebra ontológica de paradigma a partir das técnicas de realidade virtual, anunciando a obsolescência dos corpos e a libertação das mentes para a imersão completa no ciberespaço. Nossas propostas seguem na direção oposta destas teorias, e apostam em um corpo que vem sendo cada vez mais convocado a estar presente e ativo, participando e construindo suas experiências. O desafio aqui é pensar a experiência imersiva a partir de um dispositivo espacializado, que convoca o corpo e seus sentidos, propondo novas subjetividades e experiências impossíveis senão através destes dispositivos. Para tanto, é preciso suspeitar de um modelo de subjetividade único para seguir na arriscada suposição de uma subjetividade contemporânea que se dá na própria relação, na experiência.

Ambientes imersivos virtuais produzidos por artistas contemporâneos, como Maurice Benayon, Michel Nainmark, Rebbeca Allen, Jeffrey Shaw, Peter Weibel, parecem ocupar um lugar privilegiado para observarmos as relações entre dispositivo e experiência. Muitas destas instalações nos permitem mergulhar numa virtualidade na qual as imagens fabricadas tornam-se híbridas e transitórias, e na qual somos forçados a redimensionar valores estéticos em vista não do reconhecimento, mas de novos modos de ser.

Cada vez mais, as pesquisas sobre os dispositivos imersivos apontam para as transformações em curso no dispositivo cinematográfico, seja por conta das hibridizações do cinema com as novas mídias, seja por conta das transformações nos modos de perceber as representações. Sem dúvida, inúmeras e significativas questões podem ser levantas a partir da diversidade das obras. Nossa intenção neste artigo restringe-se a problematizar o dispositivo a partir de uma reinterpretação do dispositivo cinematográfico descrito por Jean-Louis Baudry, mantendo o foco de análise na experiência imersiva e na produção de subjetividade na contemporaneidade.

O dispositivo cinema e a "impressão de realidade"

O pensamento sobre o dispositivo surge na década de 1970, entre os pensadores franceses, para caracterizar o modo de produzir cinema e a condição do espectador. O interesse no texto *O dispositivo: aproximações metapsicológicas da impressão de realidade*, escrito por Jean-Louis Baudry, se justifica pelo modo de abordagem da questão do dispositivo pelo autor, e não pelas questões específicas que relacionam o cinema e a psicanálise, trabalhadas também por diversos outros teóricos do cinema.

Jean-Louis Baudry identifica no mito platônico da caverna um importante incômodo que poderia ser entendido através da experiência do cinema. O incômodo descrito por Platão remete ao medo da indistinção entre a cópia e o simulacro, entre a "impressão de realidade" e a realidade. Platão sugere que vivemos numa espécie de ilusão, como os prisioneiros da caverna, e problematiza em seu texto a relação entre o real e o sujeito que tem a impressão do real. Se, em Platão, a representação seria sempre secundária em relação ao real, que por sua vez seria secundário em relação ao Ideal, lugar único da Verdade, então, a diferença entre real e representação estava no fato de o real ser uma cópia do modelo e a representação ser uma cópia da cópia, um simulacro. Desta forma, é possível explicar a necessidade platônica de suspender os sentidos como condição indispensável para a contemplação das essências, da Idéia.

Luiz Alberto de Oliveira (2005) nos lembra, em seu texto *Virtualidades reais*, que o argumento de Platão só é possível pela univocidade do referente, pela unicidade do modelo e da cópia, e pela permanência do olhar, já que é o mesmo olho que vê a cópia e o modelo. Para contemplar a Idéia seria preciso um outro olhar, um olhar que desqualificasse os sentidos. A arte pode, sem dúvida, produzir simulacros que não remetem a um modelo, que não têm um referente real, configurando assim o maior medo platônico: uma arte que não copia modelos constitui uma ameaça para o Real.

O interessante aqui é perceber que Baudry nos chama a atenção para a importância dada ao dispositivo já em Platão, pois apenas entendendo a tarefa do dispositivo é que se poderia sair da ilusão da caverna. Sob essa perspectiva, explica-se o motivo pelo qual Platão teria descrito seu dispositivo com tanta destreza e precisão, afinal, a eficácia do dispositivo dependia, neste caso, do seu perfeito funcionamento e de seu ocultamento.

A relação entre a caverna platônica e o cinema nos é, sem dúvida, bastante familiar, principalmente no que diz respeito à projeção das imagens. Da mesma forma que a película do cinema é uma realidade forjada, as sombras da caverna platônica também não eram sombras da realidade, mas já simulacros. Projetavam-se sombras de bonecos de cera ou estatuetas acompanhadas de sons produzidos artificialmente. Poderíamos então, seguindo as pistas de Baudry, nos perguntar que desejo estaria em jogo, mais de dois mil anos antes da invenção do cinema, o qual remete a uma "impressão de realidade"?

Diante desta perspectiva de análise que coloca ao cinema a questão do desejo, Baudry parece consciente dos desvios feitos na leitura do mito platônico, ao afirmar que o texto da caverna pode efetivamente exprimir um desejo do efeito procurado, almejado e expresso pelo cinema. Talvez por isso, muitos historiadores se deixem levar pela armadilha de buscar na caverna platônica um ancestral para o cinema. Para esta análise, no entanto, é importante não entender a história das técnicas de visão como uma história linear, ou como um processo teleológico, mas seguir uma investigação transversal capaz de apreender as diferentes modalidades discursivas, estéticas e estruturais de cada dispositivo.

Nesta abordagem do dispositivo cinematográfico, a "impressão de realidade"[3] será a chave para pensarmos o desejo de real amplamente perseguido pela modernidade. O cinema é visto por Baudry como um desejo, uma forma de satisfação perdida que o dispositivo cinema terá como objetivo alcançar, e o leva a repensar a relação entre a "impressão de realidade" e o desejo desta impressão através das considerações freudianas sobre o sonho.

Em Freud, o desejo do sonho encontra sob a forma da alucinação a crença na realidade. Tal desejo viria de uma satisfação encontrada no início de nossa vida psíquica, quando a percepção e a representação mental não podiam ser distinguidas. Se o objeto do desejo viesse a faltar, ele poderia ser alucinado. A percepção da representação como percepção do real é a chave da "impressão de realidade", e é também o que vai distinguir o "efeito-cinema[4]" do sonho. Sob a perspectiva de Baudry, o dispositivo cinematográfico reproduziria o dispositivo do aparelho psíquico durante o sono, incentivado pela cisão com o mundo exterior e pela inibição da motricidade em ambos os casos, e corresponderia ainda à materialização do desejo de realidade expresso já em Platão.

Como um dos prisioneiros da caverna platônica, o espectador de cinema encontra-se imerso numa poderosa ilusão produzida pelo dispositivo que tem sua eficácia garantida por seu ocultamento. A experiência promovida pelo dispositivo cinema provoca um estado de sujeito

---

[3] Conceito utilizado por Jean-Louis Baudry para remeter a uma relação de transparência entre o referente e a representação.

[4] O "efeito-cinema", descrito por Jean-Louis Baudry, corresponde à criação de um estado de sujeito produzido pelo dispositivo cinema.

específico em que o sujeito faz parte do dispositivo, um "efeito-sujeito" (Baudry, *op. cit.*, p. 35) que se caracteriza pela percepção da representação como uma percepção da realidade. A situação do espectador de cinema: imobilidade, sala escura, projetor atrás, sem dúvida, é bastante semelhante à situação do prisioneiro de Platão, e se diferencia do sonho freudiano na medida em que exige um esforço da percepção e é uma experiência produzida artificialmente e não pelo psiquismo.

Dispositivos em evidência

Coexistence (2001) é uma das obras da artista Rebecca Allen que tem como característica principal a experiência a partir de imagens da ordem do invisível. Usando um capacete de realidade virtual com uma pequena câmera acoplada, o participante pode ver não apenas a realidade, mas objetos tridimensionais gerados por computador que aparecem integrados ao mesmo espaço. Tais objetos gerados por programas de computador passam a fazer parte da mesma realidade visual compartilhada pelos personagens reais. Cada participante recebe também um pequeno mecanismo manual sob o formato de um canudo, na verdade um sensor de respiração que vai criar as formas computadorizadas. À medida que o participante respira no sensor, sua respiração vai modificar e jogar no espaço as formas virtuais geradas pelos algoritmos. Do outro lado, seu parceiro vai fazer a mesma coisa, dando início a uma espécie de jogo de formas animadas. Outros visitantes da instalação podem visualizar toda a experiência a partir de um monitor localizado próximo à obra, coletivizando assim a experiência.

A obra de Rebecca Allen enfatiza a experiência numa realidade miscigenada, real e virtual ao mesmo tempo. A tecnologia usada amplia o campo do real ao tornar visíveis experiências sensíveis que não são da ordem do visível. A dinâmica da obra possibilita conexões incomuns entre os sentidos, ou mesmo inexistentes sem as tecnologias utilizadas. Afastamo-nos das invisibilidades modernas ligadas a mundos infinitamente grandes ou pequenos, muito rápidos ou muito lentos, invisíveis por conta de uma limitação ótica, para experimentarmos imagens que são de outra natureza.

Os participantes da instalação *World Skin* (1997), de Maurice Benayon, passeiam num universo de imagens de guerra projetadas ao redor de um enorme domo. Assim como nos conhecidos panoramas de guerra do século XIX, as imagens impressas ao redor da cúpula de *World Skin* são representações bidimensionais de um campo de batalha na II Guerra Mundial. Tal proposta nos leva a pensar em uma proposital ênfase na artificialidade da realidade representada pela instalação. Ao mesmo tempo, inúmeras imagens estereoscópicas são projetadas sobre o cenário inicial para serem vistas em três dimensões com capacetes especiais. Há, portanto, a sobreposição de imagens tridimensionais nas imagens planas provocando uma falha no realismo, um efeito artificial na paisagem.

O som também é determinante para esta experiência imersiva: barulhos de disparos de armas, gritos, e tanques contribuem para a sensação de presença. No entanto, a realidade e a fragmentação do som não descrevem uma única narrativa nem acompanham as imagens, já que os participantes livres e móveis olham e interagem com cenas diversas em momentos diferentes.

Usando câmeras digitais distribuídas na entrada da instalação, os participantes movem-se livremente dentro do domo e capturam imagens como autênticos correspondentes de guerra ou turistas perdidos no meio da batalha. Cada disparo faz o alvo desaparecer da paisagem, permanecendo apenas uma silhueta branca em seu lugar. Os disparos tornam-se impressões fotográficas fora da *cave*[5] e os participantes podem levá-las consigo como *souvenirs* ao fim de cada sessão.

[5] Uma CAVE é uma realidade virtual tecnologicamente desenvolvida pelos pioneiros em arte digital Tom DiFanti e Dan Sandin, do Centro de Visualização Eletrônica da Universidade de Illinois, Chicago. "Na tentativa de escapar das restrições dos capacetes 3D, eles inventaram a CAVE, que projeta imagens 3D polarizadas em todas as superfícies de um cubo ao redor dos visitantes e o imerge em som 3D" (Wilson, 2002, p. 707).

Inúmeros dispositivos de arte virtual propõem a experiência da dissolução das fronteiras entre o real e a ilusão, exterior e interior, passado e presente, e tornam-se produtores de realidade. No interior destas instalações, a opacidade moderna parece estar dissolvida, as imagens já não parecem guardar segredos ou verdades, elas são expostas, imediatamente reveladas, naturalmente criadas. Ao contrário do dispositivo cinema convencional, o dispositivo imersivo contemporâneo não depende de seu ocultamento para garantir a eficácia da experiência. A obra solicita a exploração do dispositivo e a interação do espectador para produzir a experiência. Trata-se de um dispositivo que propõe estratégias, apresenta diferentes instâncias enunciativas e figurativas e cria novas subjetividades.

A multiplicação das possibilidades destas imagens do dispositivo se apresenta como um sintoma de um modelo de visualidade paradoxal que não se baseia mais em dualismos excludentes, mas que permite a miscigenação de práticas e conceitos. Nestes ambientes virtuais, o real parece aumentado, expandido e passa a ser tudo o que é percebido pelos sentidos e permite interação. A idéia de uma realidade aumentada parece ser a tópica contemporânea dos estudos imagéticos; no entanto, é preciso aqui diferenciar a atual proposta de realidade aumentada das propostas modernas.

Tal alargamento no campo das possibilidades visuais não pode ser confundido com a experiência moderna de visibilidade, que a partir de próteses como a luneta e o microscópio permitiram a visualização de mundos invisíveis a olho nu. O alargamento do real a que nos referimos na contemporaneidade pode ser percebido de duas formas: por um lado é da ordem das visibilidades não-visuais, isto é, da capacidade de tornar visíveis experiências sensíveis que são de outra natureza e, por outro lado, permite a indiscernibilidade entre realidade e representação, entre verdadeiro e falso. A partir das experiências imersivas em ambientes virtuais, diluímos as fronteiras entre representação e referente, ao ponto de não ser mais necessário pensar essas diferenças. Não se trata da substituição da realidade por um duplo, mas de uma miscigenação, de uma coexistência de realidades incompossíveis.

Essa análise aponta a transformação de um modelo de dispositivo imersivo baseado no desejo de ilusão ou de reprodução do real, para um dispositivo capaz de miscigenar ilusão e realidade, o qual deve ser explorado e experimentado. A obra é o próprio processo e a experiência se dá necessariamente no tempo. É uma experiência que se dá na relação e que não existe fora do dispositivo, nem antes, nem depois. A relação se dá no e através do dispositivo. O que parece estar em jogo nas instalações de Maurice Benayon e Rebecca Allen é menos a ilusão de estar vivendo outra realidade do que a possibilidade de miscigenar realidade e representação, criar um híbrido de atual[6] e virtual[7], além de poder interferir diretamente nesta outra 'mais-realidade'. Desse modo, nos afastamos da concepção redutora e tecnicista de dispositivo e nos aproximamos da idéia de regime que ganha visibilidade sob a forma de uma "obra-processo".

Se a experiência nessas instalações convoca a presença de um corpo sensório-motor, é preciso deixar claro que esta interação não se limita ao manuseio das interfaces no sentido de apenas transitar pelas possibilidades em uma relação estímulo-resposta, nesse caso o participante seria apenas um operador de programas buscando efeitos diferenciados. Trata-se de entender a experiência como um sistema complexo e dinâmico capaz de produzir resultados imprevistos, não determinados, e de produzir novas formas de subjetividade.

As imagens deixam de se atualizar a partir de uma programação prévia, para se construírem de forma auto-referente ao longo da relação com o dispositivo. A singularidade destes dispositivos está, sem dúvida, no caráter virtual das experiências, na medida em que somos forçados a redimensionar valores estéticos em vista não do reconhecimento, mas de novos modos de ser da imagem.

---

[6] "A atualização é um processo de criação" (Deleuze, 1999, p. 79)."Com efeito, de um certo ponto de vista, o possível é o contrário do real, opõe-se ao real; porém o que é totalmente diferente, o virtual opõe-se ao atual" (*Ibidem*, p. 78).

[7] Do latim *virtualis*, derivado de *virtus*, significa força, potência.

Cada experiência promove uma atualização parcial da obra que conta com determinados algoritmos capazes de gerar condições específicas através de combinações imprevisíveis. A experiência aqui descrita corresponderia a um modo próprio de acesso ao virtual. A obra corresponde à própria experiência com e no dispositivo, uma experiência da ordem do virtual que aponta para a produção da diferença e do novo.

Tendo em vista uma concepção do dispositivo que permite dissolver "(...) oposições que, em muitas situações, não apenas paralisam nossos pensamentos — linguagem e percepção, discursivo e afetivo, sujeito e objeto, arte e tecnologia, pré e pós-cinema — como criam falsas oposições" (Parente, 2005, p.10), fugimos das dicotomias e nos aproximamos da miscigenação de realidades, sendo esta a operação que fundamenta a experiência imersiva contemporânea. Nesse sentido, o dispositivo é capaz de propor uma experiência de virtualidade apenas se pensamos o virtual como o que se opõe aos ideais de verdade.

Imersão e interatividade

Com o avanço tecnológico, a interatividade torna-se uma das características mais expressivas da contemporaneidade. Sabe-se que a questão da interatividade em si não foi apontada pela primeira vez pela cultura digital. No passado, diversos teóricos já haviam anunciado que a atividade receptiva do espectador sempre constitui de alguma forma um ato de criação, tendo em vista as diferentes possibilidades de interpretação da mesma obra por diversos espectadores. O fato é que, a partir das décadas de 1960 e 1970, no cinema ou nas artes plásticas, esse observador é cada vez mais solicitado e ganha mais autonomia, a ponto de ser responsável pela própria existência da obra.

A própria atualização da obra depende do trabalho desse novo espectador através de uma relação que convoca não apenas a mente, mas também o corpo. Ao circular num espaço predeterminado, em vez de assumir uma atitude contemplativa, o espectador estabelece relações com a obra, estimuladas por diversos elementos perceptivos.

A experiência imersiva produzida nas instalações contemporâneas de arte poderia ser comparada à experiência nos panoramas do século XIX, onde o observador também era solicitado a circular no interior de um espaço criado para ser ilusionisticamente perfeito. No entanto, o participante das instalações imersivas contemporâneas não é capaz de perceber a obra em sua totalidade; ainda que a explore inteiramente, é capaz apenas de ter uma visão parcial da obra. Não é possível ter a visão da totalidade simplesmente porque ela não existe. Nem mesmo as narrativas preexistem, elas também são criadas durante a interação com as obras.

Evidentemente não atribuímos às instalações contemporâneas a originalidade da inclusão do observador na obra. Como sabemos, o desejo de produzir essa interação marca toda a trajetória do cinema moderno e do cinema experimental, na medida em que cada corrente ao seu modo prefigurou diferentes estratégias para tornar o observador um agente ativo nas experiências audiovisuais.

Testemunhamos uma transformação radical na concepção do próprio dispositivo cinematográfico, desde mudanças no modo de produzir e projetar imagens até a experiência do espectador. Cinema e artes plásticas apresentam hoje diversos pontos de convergência que se caracterizam pela variedade não só de imagens (analógicas, eletrônicas, numéricas), mas também de interfaces de visualização.

O artista contemporâneo cria uma situação para uma performance. Nesse contexto, configura-se um observador que é responsável não só pela própria geração das imagens, como pela experiência nestas imagens. Não se trata apenas de uma experiência sensível e cognitiva, mas de uma experiência que se dá na interação deste observador com a proposta do artista. A experiência corresponde a esta possibilidade de produção e de interferência do participante com e na obra. Nesse caso, o dispositivo constitui-se como condição de possibilidade para esta experiência.

Diante desta perspectiva de análise, colocar o dispositivo em evidência não poderia significar apenas deixar seu maquinário ou suas ferramentas à mostra, como poderiam concluir os mais apressados, mas também um esforço em perceber os regimes de forças e saberes, as técnicas e os processos de subjetivação em jogo nos dispositivos em questão.

Referências bibliográficas

BAUDRY, Jean-Louis. Le dispositif: approaches métapsychologiques de l'impression de réalite. *In*: *L'effet cinema*. Collection ÇAcinéma, 1975.

CRARY, Jonathan. *Techniques of the observer*: on vision and Modernity in the nineteenth century. Cambridge: MIT Press, 1990.

DELEUZE, Gilles. *Conversações*. Rio de Janeiro: Editora 34, 1992.

______. O que é o dispositivo? *In*: ______. *O mistério de Ariana*. Lisboa: Passagens, 1996.

______. Os estratos ou formações históricas: o visível e o enunciável. *In*: ______. *Foucault*. São Paulo: Brasiliense, 2005.

FOUCAULT, Michel. *Vigiar e Punir*. Petrópolis: Vozes, 1997.

GUATTARI, Félix. *Caosmose*: *um novo paradigma estético*. Rio de Janeiro: Editora 34, 1992.

HUHTAMO, Erkki. Media Art in the third dimension: stereoscopic imaging and contemporary art. *In*: SHAW, Jeffrey; WEIBEL, Peter (Orgs.). *Future cinema*. Cambridge: MIT Press, 2004.

KAC, Eduardo. Ornitorrinco and Rara Avis: telepresence art on the internet. *Leonardo*, v. 29, n. 5, 1996, p. 389-400. Disponível em: <http://www.ekac.org>

KOFMAN, Sarah. *Camera obscura de l'ideologie*. Paris: Galilée, 1973.

OLIVEIRA, Luiz Alberto. Virtualidades reais. *In*: ADAUTO, Novaes (Org). *Muito além do espetáculo*. São Paulo: Senac, 2005.

PARENTE, André. *Cinema em trânsito*: do dispositivo do cinema ao cinema do dispositivo, 2005 (Inédito).

WILSON, Stephen. The virtual reality world as metaphor. *In*: ______. *Information arts*: intersections of art, science and technology. Cambridge: MIT Press, 2002.

Mídia-arte ou as estéticas da comunicação e seus modelos teóricos

*Ivana Bentes**

A emergência das "estéticas da comunicação" vem provocando uma ampliação nos conceitos e teorias usados na análise de obras contemporâneas de diferentes campos. As noções de *dispositivo, redes sociais, espaço-sensível, mindware, imagem tátil* ou *"image actée"* trazem novos aportes sobre os estudos das imagens e das mídias, que têm como base a idéia de co-evolução entre o ser vivo, as imagens e os dispositivos.

O modelo industrial fordista (série, repetição, homogeneização) que produziu uma cultura, um pensamento e uma estética modernos vem se modificando e dando lugar a uma problematização do vivo tendo modelos biológicos como novos paradigmas para a produção de imagens, estéticas e teorias em diferentes campos.

A biotecnologia como campo de problematização do vivo, em co-evolução com o tecnológico, traz conceitos decisivos para pensar as novas estéticas, como os de *autoprodução, morfogênese* (gênese da forma), *contaminação*, que repercutem teorias propostas no campo da cultura, da ciência, da informação e do pensamento (Cf. Bergson, 1990;

* Doutora em Comunicação e Cultura pela UFRJ, onde atua como professora e diretora da Escola de Comunicação. Realiza pesquisas sobre questões relativas ao papel da Comunicação, da produção audiovisual e das novas tecnologias na cultura contemporânea.

Simondon, 1964; Minsky, 1991; Deleuze). Os objetos, processos e dispositivos estéticos podendo simular comportamentos complexos, operando de forma inteligente (aprendizado, *feedback*, antecipação de futuro) e virótica, como memes replicantes (Richard Dawkins) que se comportam como vírus que recebem, codificam, decodificam e transmitem informação, padrões e expressão.

Antigos modelos teóricos e novas teorias

Um pioneiro como Marvin Minsky parte de uma concepção informática para explicar o funcionamento neurocerebral. Como conseqüência, pensa as tecnologias como uma extensão do cérebro. O cérebro e seus circuitos se aproximam de um modelo *rizomático de redes acentradas não hierárquicas* (*hipertextos*) e rebate a própria topologia labiríntica dos espaços urbanos. Cérebro-Cidade (Gilles Deleuze).

Minsky, que lançou as bases científicas da modelização matemática da informação, da robótica e da inteligência artificial, estende a noção de telepresença — o transporte eletrônico de imagens captadas em diferentes lugares e experimentadas num espaço virtual em que interagem entre si (teleconferência) ou agem a distância (microcirurgias, reparos em estações espaciais utilizando-se *luvas de dados*) — ao próprio funcionamento cerebral.

Para Minsky, o cérebro, prisioneiro no interior da caixa craniana, interage com o mundo através de sistemas elaborados de interconexões de telepresença, onde o corpo é a interface entre nosso cérebro e o mundo (1991, p. 142). Postula, no cruzamento da neurociência com as novas tecnologias, a possibilidade de ligar diretamente cérebro e computador, suprimindo o caminho percorrido pela informação, numa pronta interação entre intenção e ação: "Injetar sinais diretamente no nervo auditivo, injetar informações de ordem pictural diretamente no córtex, suplementos de dados na memória, etc." (*Ibidem*, p. 143).

Minsky vislumbrou a iminente fusão da ciência, da arte e da psicologia e parte do princípio de que as novas tecnologias, mais do que apontarem para rupturas radicais, são uma extensão de processos neuronais, que essas tecnologias só viriam explicitar:

> "Pensa-se, geralmente, que nenhuma ilusão projetada por um dispositivo qualquer seria tão íntima quanto o fato de ver, tocar e de sentir as coisas. Sustento que essa imediaticidade da realidade é em grande parte ilusória, pois as ligações existentes entre nosso cérebro e nosso universo são mais tênues do que pensamos" (*Ibidem*, p. 141).

O cérebro não toca nada, lembra Minsky, todas suas operações são totalmente mediatizadas por processos que compreendem etapas complexas e numerosas que o conectam com o exterior. "Nós", nosso corpo, seria uma espécie de mídia, meio, processo, dobra do cérebro.

O que interessa na teoria de Minsky é a possibilidade de conectar homem/máquina, cérebro/corpo de uma forma tão íntima que possamos pôr em xeque qualquer idéia de um sujeito pensante autônomo, desconectado de suas próteses tecnológicas, corpóreas ou maquínicas. O sujeito é, aqui, ele próprio, uma interface entre cérebro e mundo.

Mindware e hipermnésia

A ficção científica se aproxima das teorias informacionais do híbrido biotecnológico, pós-humano, ao propor formas de compartilhar *imagens* mentais, afetos, experiências, através de dispositivos de entrada e saída de dados, mediados por uma interface biotecnológica, um programa mental. A Mente-programa é o personagem de diferentes filmes de ficção-científica (*2001: uma Odisséia no Espaço, Blade Runner, Matrix, Minorit Report*, *Brilho Eterno de uma Mente Sem Lembranças*, entre outros), caindo muitas vezes num novo idealismo de uma mente sem corpo.

Em *Brainstorm,* filme de Douglas Trumbull, o personagem realiza o sonho da comunicação total, *a imersão no Outro,* e chega a uma situação radical, a experiência do sofrimento e da morte do Outro. Armazenada numa fita digital, *digitalizada, simulada,* a morte — uma tempestade caótica de descargas e espasmos, provocada por um ataque cardíaco numa mulher — deixa de ser uma "transação solitária" e irrepetível e é experimentada em toda a sua violência e radicalidade por outro personagem.

Morrer a morte do Outro ou viver uma *outra vida*, ou muitas vidas descarregadas como informação e sensação no cérebro. Implante de memória, experiências compartilhadas, zilhões de dados disponíveis para acesso, isso significa a memória total, a memória do mundo deslizando nos bancos de dados, significa "eu sou todos os nomes da história". *Hipermnésia* que convoca também um outro corpo coletivo, outro corpo para o conceito de multidão.

A imagem tátil

A teoria de Henri Bergson da relação entre percepção e ação, desenvolvida, sobretudo, no livro *Matéria e Memória* (retomada por Gilles Deleuze em *A Imagem-Movimento* e *A Imagem-Tempo*), antecipa e reafirma, de certa forma, o que as novas tecnologias interativas têm explicitado sobre o estatuto da percepção enquanto momento privilegiado do agir.

O ato de ver é uma solicitação à ação, diz Bergson (*op. cit.*). Perceber é agir virtualmente sobre algo. O olhar manipula nosso esquema sensório-motor de ação e reação a partir dos estímulos que recebemos. É o que experimenta um "espectador-ator" imerso num espaço virtual ou multissensorial. Assim como o movimento real do seu corpo produz modificações no espaço virtual, um simples deslocamento do globo ocular ou gestos sutis encontram uma contrapartida no interior desses espaços simulados: imagens sintéticas de paisagens, ambientes visualizadas e experimentadas por óculos especiais e máscaras visuais conectadas a luvas de dados que captam estímulos corporais – gestos da mão, movimentos da cabeça, dos membros, direção do olhar, etc. – que vão orientá-lo num passeio por uma paisagem.

Bergson já mostrava como a percepção está sempre ligada a uma tendência motora, ao que ele chama de "esquema sensório-motor" que opera uma decomposição do percebido em função da sua utilidade para nós. Nossa percepção está sempre ligada a uma ação, mesmo que ela não se realize, ação virtual (*op. cit.*).

Ver implica agir, é a própria relação olho-tato que se torna, nas experiências de interação digitais, cada vez mais complexa. Aqui, o que assegura nosso deslocamento no interior da imagem é o deslocamento do nosso próprio campo visual: "É o olhar dirigido para o alto em direção a uma escada que ativa o controle de ascensão. O olhar tornou-se fisicamente não mais receptor e organizador, mas emissor, realizando uma mutação anunciada ou esperada por muitos artistas, filósofos e pesquisadores" (Weissberg, 1991, p. 169).

Trata-se da interação entre ver e agir, quando podemos misturar imagens do nosso próprio corpo com outras imagens ou fazer da simples presença do corpo ou de nossa imagem um disparador.

O teórico francês Jean Louis Weissberg (1999) propõe o conceito de "*image-actée*", "imagem-atuante", ou "imagem-atuada", para articular "sentido, gesto e presença" nas narrativas contemporâneas, privilegiando a questão da relação entre tecnologia e percepção, em que a "*image-actée*" suscita e traduz uma "postura perceptiva". A relação entre ação e imagem redefine a visão como uma "presença tátil à distância", como na fenomenologia de Merleau-Ponty. Movimentos abstratos "operam na visão", como foi descrito e conceituado por Gilles Deleuze na sua análise bergsoniana do cinema do pós-guerra.

Topologia

Quanto ao modo de produção das imagens digitais pelas novas tecnologias, podemos relacioná-lo com as teorias de Gilbert Simondon sobre morfogênese e topologia, que explicitam as novas forças que trabalham a imagem do seu interior. Se no cinema clássico as imagens parecem determinadas por leis de associação, contigüidade, semelhança, oposição, por leis exteriores à própria imagem, as imagens de síntese se autoproduzem do interior, numa espécie de gênese maquínica que simula a gênese físico-biológica do ser vivo.

A produção dessas imagens vivas (capazes de se reproduzirem ao infinito formando figuras complexas) está muito próxima do que Simondon (*op. cit.*) chama de ontogênese, um "pôr em obra" da forma do ser vivo, que tem um correlato no domínio da produção de imagens digitais. A imagem digital ganha características do ser vivo, inserindo-se no que poderíamos chamar de um "teatro da individuação", uma autoprodução da imagem por metamorfoses, clonagens, anamorfoses, etc.

Segundo Simondon, "o ser vivo resolve problemas, não apenas se adaptando, ou seja, modificando sua relação com o meio (como uma máquina pode fazer), mas modificando-se ele mesmo, inventando estruturas internas novas, introduzindo-se a si mesmo, inteiro, nos axiomas dos problemas vitais" (*op. cit.*).

Poderíamos fazer uma aproximação entre essa "ontogênese" do ser vivo e a morfogênese das imagens sintéticas que se autoproduzem, fundando uma autopoiese lógico-matemática, que depende de modelos preexistentes, mas também tem sua margem de invenção, nascida na interação máquina/operador. A imagem aqui, como indicam diferentes teóricos do digital, torna-se "sujeito", ou melhor, "autor" ou "ator".

O espaço-sensível ou detectores do vivo

Uma nova topologia também decorre dessa autoprodução da imagem digital e dos dispositivos, Imagens que constituem o próprio espaço no qual vamos habitar. Não precisando existir *a priori*, o espaço é constituído por ela e constitui a imagem: "as novas imagens", como diz Deleuze,

> "já não têm exterioridade (extracampo), tampouco interiorizam-se num todo: têm, melhor dizendo, um direito e um avesso,

reversíveis e não passíveis de superposição, como um poder de se voltar sobre si mesmas. Elas são objetos de uma perpétua reorganização, na qual uma nova imagem pode nascer de qualquer ponto da imagem precedente" (Deleuze, 1985b, p. 315).

Sem direções privilegiadas constitui-se um espaço onidirecional que deve ser configurado de acordo com as variações de suas coordenadas.

As imagens digitais são objetos problemáticos e paradoxais em outro sentido. Que conceitos podem dar conta desses objetos indeterminados, a meio-caminho entre o sensível e o inteligível, o material e o imaterial, a ausência e a presença? Objetos "impróprios para o conhecimento", diria Kant? Objetos cambiantes, inacabados? Objetos que não se encontram num lugar determinado: o espaço da simulação é "lugar nenhum", espaço e imagens que conquistaram o "tempo nenhum" da ubiqüidade, da simultaneidade, da instantaneidade? Com as imagens digitais, intuições da imaginação que talvez nunca achariam uma imagem ou conceito adequado para representá-las podem ser simuladas (fenômenos da física quântica, equações matemáticas, visualizações de modelos científicos).

Na sua *Crítica da faculdade do juízo*, Kant observa que no confronto entre imaginação e razão, a faculdade da imaginação se esforça para "rivalizar com a razão na realização de um máximo", dando uma "forma sensível", um "corpo", a idéias racionais de "seres invisíveis, do reino dos santos, da eternidade, da criação, ou ainda a coisas que realmente se acham exemplos na experiência, como a morte, a inveja, e todos os vícios, assim como o amor, a glória, etc..., mas os alçando para além dos limites da experiência..." (Chédin, p. 65).

Confronto entre imaginação e razão em que a imaginação entretanto fracassa, ao tentar produzir livremente uma multiplicidade de imagens tendo em vista "presentar" uma idéia da razão. Fracassa num esforço total, possuída por um delírio imaginativo, criatividade excitada ao máximo, que acaba, segundo Kant, "eclipsando esse fracasso" (Idem, p. 65).

A resposta de Kant, diante do problema da relação entre as duas faculdades, é sugestiva. Numa espécie de mútua excitação e esforço de transcender os seus limites, a razão não cessa de excitar a imaginação para criar imagens que, por sua vez, incitam a razão a produzir idéias (Idem, p. 66) numa potencialização crescente.

Confronto e excitação mútua entre inteligível e sensível, material e imaterial, entre processos racionais e sensoriais em que as imagens elas mesmas podem disparar operações complexas, ativar e detonar processos lógico matemáticos, físicos, químicos, sensoriais, corporais, operações simbólicas e imaginativas. As imagens pensadas como dispositivos e operadores.

A visualização de fenômenos e processos complexos (simular conceitos indemonstráveis da razão, visualizar fenômenos infinitamente grandes ou infinitamente pequenos) coloca a visualização/produção de imagens num outro patamar dentro da produção simbólica e do capitalismo cognitivo.

A construção de um espaço sensível à presença ou à imagem, um espaço vivo, capaz de se configurar e desconfigurar diante da presença de um olho-câmera virtual, aparece no cinema contemporâneo, que cada vez mais experimenta essas imagens performáticas. Imagens que se tornam sensíveis e sensoriais, conceitos visuais, e não simplesmente efeitos.

Os exemplos desses espaços paradoxais são recorrentes na produção audiovisual contemporânea. O desenvolvimento de cenários sensíveis nos *games*, filmes e realidade virtual. A aparição constante de espaços paradoxais, verticalizados (abismos verticais ilimitados percorridos pelas câmeras) ou ainda espaços horizontais ilimitados e móveis, micropanoramas deslizando nas telas de computadores, *games* e celulares. Novas experiências com a profundidade de campo e a explosão do quadro clássico (janela que enquadra) e da frontalidade do espectador. Espaços congelados, de encapsulamento do tempo (congelamento de cenas nas quais podemos nos deslocar no interior mesmo da imagem).

Ou movimentos de câmera que constroem o espaço à medida que ocorrem, sem nunca nos dar as coordenadas necessárias para uma visão geral, funcionando como localizadores remotos de pontos míopes num espaço em construção e desconstrução contínua.

Tempo, performação e co-presença

É preciso estar atento nesse contexto para as "dramaturgias" do tempo real apontadas pelos *reality shows* e performances em rede, que surgem entre a encenação e o acontecimento, como experiência diferencial de tempo e espaço.

Os dispositivos de criação de co-presença e co-realidades, estou aqui e lá, propiciados pelas *web-cams* e dispositivos de telepresença, abrem um campo vastíssimo para estéticas e dramaturgias *on-line*, ou melhor, cenas e situações virtuais, ambientes de co-presença que provocam distúrbios perceptivos.

> "Johannes Birringer nomeia novos espaços de performação, intensamente alimentados por dados — em tempo real — que colocam os performers e a audiência em espaços simulados de improviso e presentificação. As telas digitais, de cristal líquido, os espaços da cave, os artistas plugados e sintonizados na rede, passam a substituir os espaços materializados das Artes Plásticas" (Cohen).

As salas de instalações são amplificadas para se conectarem a espaços vivos produzidos pela telepresença, numa ficcionalização do presente e do espaço, que produz o tempo real da cena e da experiência compartilhada. Quais as qualidades desse "tempo real"? Tempo produtor de experiências e imagens fluidas, que estão sempre passando, abertas ao acaso e ao acontecimento, mas também passíveis de controle e monitoramento.

Temos uma percepção exacerbada da experiência da simultaneidade. A possibilidade técnica da experiência de um *continuum* espaço-temporal, por blocos de espaço e tempo, que duplicam o aqui e agora. Eu estou aqui neste quarto, mas posso me conectar, posso consumir, posso me instalar com certa facilidade em outros ambientes. A câmera de vigilância e *web-cam* são a forma mais simples de experimentar isso, *o consumo de ambientes* simultâneos através de câmeras e canais abertos, não mais como simples janelas, mas como espaços de visualização e ação nesse mundo ampliado, em um presente dilatado.

O filme *Time Code*, do cineasta inglês Mike Figgs, realizado em 2000, e dividido em quatro telas com narrativas filmadas em tempo real e sincronizadas, vai explicitar, entre outras coisas, essa experiência de consumo de ambientes e histórias simultâneas em tempo real. É uma tentativa de criar um dispositivo e uma narrativa que explore e enfrente os limites dessa operação perceptiva que é acompanhar vários canais, várias histórias simultâneas e perceber o tempo dilatado, bifurcado, expandido ou se contraindo e convergindo para um só ponto.

Teorias dos dispositivos

A câmera de vigilância surge nesse contexto como um dos dispositivos-modelos da percepção contemporânea. A explicitação dos dispositivos em certo cinema e arte contemporâneos é o que explica a obra e ao mesmo tempo é o que deve ser explicado e evidenciado. Obras-dispositivos que evidenciam a relação dos personagens e do próprio espectador com a simulação, com a performance, com o espaço circundante e com a experiência do tempo real monitorado.

Obras cuja estrutura narrativa é baseada (ou se assemelha) na percepção de um olho vigilante, um olho sem olhar, olho mecânico, aberto num *continum* espaço-temporal. E ao mesmo tempo, fazem um esforço para introduzir aí nesse olho-esvaziado uma singularidade. Fabulação, ficcionalização, autoperformance são algumas das figuras dessas propostas

Pensar as obras e filmes-dispositivos é pensar as condições de possibilidade da narrativa. O lugar de onde os personagens se expressam, afastando-se do modelo clássico de análise fílmica que pressupõe certa autonomia da narrativa, encerrada nela mesma. A análise fílmica clássica se torna insuficiente para pensar essas obras e filmes que não saberiam se encaixar em questões de gênero, ou ser lidos apenas pela psicologia dos personagens ou análise dos conteúdos.

Se na arte conceitual "a idéia é o motor da obra", em algumas obras e proposições contemporâneas o dispositivo é o disparador ou o condicionador de narrativas e sensações.

A todo instante somos demandados como *performers* e atores. Que personagem viver? Somos demandados a observar e cuidar de nossa performance social, privada, a viver identidades prontas, mas também experimentar que "eu sou um outro", oscilações e demandas paradoxais que denunciam o lugar vazio do sujeito, a preencher. Quem sou eu, não está dado, estou me performando.

Ao confrontarmos, por exemplo, programas-dispositivos como os *reality shows*, 'zoológicos humanos', programas sobre comportamentos, com dispositivos sociais atuantes, podemos encontrar outras subjetividades-modelo. O espectador onipotente que exclui e elimina participantes, que o tempo todo é instigado a exercer uma intervenção baseada em valores, participar de lógicas de rivalidade, punir e premiar. Capaz de mudar os rumos da história, esse espectador-participador onipotente é adulado e colocado no lugar da "direção", mas também na função de juiz, executor, avaliador. Os dispositivos explicitando configurações sociais e relações assimétricas.

Numa cultura em que a metalinguagem vai se tornando um aprendizado de massas e que Alice atravessou o espelho, percebemos uma pedagogia dos dispositivos que vai evidenciando a performance, os meios de construção da subjetividade e explicitando a imagem como construto. Onde somos "imagem entre imagens" se construindo, experimentando o mundo de muitos lugares, tornados interfaces, mediadores ou ainda figuras do controle.

Podemos sublinhar duas dinâmicas complementares na constituição das estéticas da comunicação ou da chamada mídia-arte. De um lado o devir midiático das artes, quando a arte contemporânea se apropria dos meios e dispositivos para extrair deles seu potencial estético, incorporando ou subvertendo-os em proposições artísticas (instalações, performações, ambientes multissensorias, etc.). De outro, um devir estético das mídias, com a desterritorialização e circulação das imagens, que migram para os mais diferentes suportes, criando um cinema-mundo ou mídia-mundo.

A retomada da teoria dos dispositivos, formulada nos anos 1970, e revista em novos termos, é usada na análise de inúmeras obras que vêm problematizar a projeção e a percepção clássicas, criando outra relação com o espectador interator e distintas experiências de espaço e tempo.

No campo da arte, foi Jean-Louis Baudry, um teórico do cinema, quem disseminou o conceito de dispositivo, no ensaio intitulado *Le Dispositif* (1975) que tratava da teoria do espectador cinematográfico. Pensar o cinema como dispositivo significava apontar as características que regulam a relação do espectador com a obra, relações mentais, relações espaciais, temporais. O dispositivo não se reduzindo ao aparato técnico e colocando em operação um modelo mental. A sala de projeção cinematográfica, segundo Baudry, funcionou a partir do mesmo modelo da Câmara Escura, origem da fotografia, dispositivo que evitava que o observador percebesse sua posição como parte da representação.

Para Jonathan Crary (1996), esse tipo de dispositivo separa o ato da visão do corpo físico do observador, as sensações do observador sendo desqualificadas diante de verdades preestabelecidas, certezas da razão e um mundo verdadeiro. Como na alegoria da Caverna de Platão, a câmara escura e depois a sala de cinema configuraram a experiência do espectador clássico, introspectivo, distanciado e com autonomia frente ao mundo exterior[1]. Dispositivo a serviço da perspectiva clássica, marcado pelo voyerismo, pela pulsão escópica e pela produção de um certo imaginário.

---

[1] Tema desenvolvido por Bentes (1994).

Essa teoria do dispositivo, formulada originalmente nos anos 1970 no contexto da discussão entre cinema e psicanálise e teorias do estruturalismo, migrou para outros contextos e recebeu diferentes formulações, como na teoria da "caixa preta" de Vilém Flusser (2002), na descrição do filme-dispositivo proposto por Jean-Louis Comolli, dentro da conceituação do cinema-*verité*, na formulação de Anne Marie Duguet sobre os dispositivos na videoarte (presente nas obras de artistas tão diversos quanto Nan June Paik, Bruce Naumann, Bill Viola, Antoni Muntadas, etc.) e de forma mais ampla no pensamento de Michel Foucault e Gilles Deleuze, além de outros autores de campos muito diversos.

Ao ultrapassar o plano dos significados e conteúdos, dando ênfase em aspectos formais, técnicos, espaciais, que configuram o sentido, o conceito de dispositivo se tornou decisivo para se pensar uma série de campos emergentes, como a videoarte, as videoinstalações, a arte telemática, as estéticas e narrativas extraídas do campo da comunicação ou os usos estéticos e sociais da internet, celular, GPS, web-câmeras, sensores e câmeras de vigilância, programas, redes e sistemas de sociabilidade.

O pensamento em torno dos dispositivos dá visibilidade aos elementos estruturantes das obras, sua relação com o espaço, a forma como mobiliza o corpo do participador, os modelos mentais que conjura, tornando-se ao mesmo tempo objeto e discurso.

A arte contemporânea tem que enfrentar uma hiperatividade estético-midiática que não pára de colocar a questão: "Que é ou quem poderia ser um criador?" O artista contemporâneo concorre com a mídia como poder de invenção, se alimenta dela e a subverte. faz da cultura midiática uma nova pele. Para Derrick De Kerkove, o ponto de vista foi substituído pelo ponto de existência[2]. O que significa que somos mobilizados pelo nosso corpo e sentidos, posicionados nesse ambiente estético-midiático ampliado.

---

[2] A questão do posicionamento e da sincronia entre corpo e dispositivo é desenvolvida no livro *O Zen e a arte da fotografia*, de Arthur Omar (1999), e no seu ensaio sobre a teoria do êxtase, em *Antropologia da face gloriosa* (1996).

Nesse sentido, é notável a evolução dos dispositivos em torno da projeção e desterritorizalização das imagens. Na arte contemporânea, as instalações (de vídeo, fotográficas, cinematográficas) deslocaram as projeções para objetos tridimensionais, sobre o corpo, em espaços públicos, conjuntos arquitetônicos (colunas, escadas, tetos), em materiais diversos, água, terra, óleo, fumaça, vidro, em ambientes de estar, em percursos, ou projeções diretamente no olho.

Redes de afeto, sociabilidade e controle

Se os dispositivos são moduladores de tempo e de espaço, também são "tecnologias do afeto", de produção de contato e aquecimento das relações pessoais, sociais, de produção de coletivo. O afeto torna-se (Antonio Negri) um valor diferencial no capitalismo midiático ou cognitivo. Mercadorias, obras, produtos, imagens, signos, pessoas, discursos investidos de afeto têm seu valor multiplicado e, mais do que isso, se tornam valor. O capital, investido de afeto, torna-se biopoder, poder sobre a vida e sobre o corpo social, mas também convoca uma biopolítica de resistência aos seus fluxos, através de redes de colaboração.

As tecnologias de comunicação e produção de redes e mediação social (*blog*, *fotologs*, vídeoblogs, *Orkut, Multiply, Frienster* e tantos outros) não param de crescer, programas de sociabilidade exponenciais. Dispositivos que configuram, classificam e modificam as formas de relacionamento. Dispositivos de organização espacial, temporal e mental, que trazem potencialidades estéticas sociais e políticas, organização e controle.

O capitalismo imaterial tem captadores instalados em todo o corpo social, corpo vivo que monitora pela vigilância a céu aberto, rastreamento dos hábitos de consumo, através das senhas, códigos de barras, rastros deixados na internet, celulares, etc. Entretanto, os mesmos dispositivos de controle são dispositivos que colocam os consumidores em contato, criam redes e, mais do que isso, organizam os consumidores e os transformam em interatores e performadores. De controle e consumo, os dipositivos midiáticos podem passar a ferramentas de resistência, organização, mobilização, num corpo social que reage e interage, produz, estimulado e excitado pelo próprio biopoder, mas capaz de criar biopolíticas.

A continuidade e a extensão entre o tempo da vida, o tempo do trabalho, o tempo do lazer, o consumo e a produção estética caracterizam o capitalismo pós-industrial (Cf. Negri). As máquinas que servem à produção (computador, telefone, celular, TV, internet) são interfaces lúdicas, que estreitam a convivência e servem à comunicação e à arte. A mídia-arte se aproxima do *game*, da televisão, quando aposta nos jogos de convivência como simulações de uma certa vida social, lugar de fidelização, lealdades, criação de vínculos, produção de narrativas.

Na busca de criar fatos midiáticos continuamente, capturar nossa atenção e comprar nosso tempo, a televisão convoca o próprio espectador ou usuário a participar do processo de produção da informação. As estéticas da comunicação também podem mobilizar esse espectador-participador. Ele é o consumidor-produtor que Walter Benjamin anteviu nos leitores que escreviam para os jornais, e que hoje recebem câmeras de vídeo para produzir imagens que vão entrar no telejornal, no programa de variedades, numa denúncia política, no "álbum" eletrônico coletivo ou em uma obra-de-arte. As tecnologias doméstico-industriais transformam cada um de nós em unidades móveis de produção de imagens e informação que alimentam o sistema de comunicação e o circuito de arte.

O amador e o artista universal

A mídia-arte surge neste contexto de transição de modelos. As imagens de vídeos amadores, as fotos em *sites* na internet, os relatos em *blogs*, as imagens de *web* câmeras e câmeras de vigilância alimentam cada vez mais a produção *brodcasting*, comercial e os circuitos de arte, num curto-circuito entre o profissional e o amador, entre artistas e não-artistas.

Segundo Jean-Louis Weissberg, as tecnologias intelectuais de multimídia erigem o amador individual ou coletivo (nem o consumidor tradicional nem o especialista) em figura-chave da mídia. Nessas tecnologias do consumo produtivo, o ato de consumo torna-se uma parte decisiva da produção, numa reconfiguração e singularização no massivo. A *home-midia* – ou o escritório e o quarto de dormir doméstico, a rua, tornados ateliê e central de produção – cria formas distintas de cooperação produtiva: cooperação na escritura de *softwares* livres, formas intermediárias entre recepção e expressão, idéias recicladas e recombinatórias, apropriação, *zapping*, alterações e autorações de uso e percursos, como novas formas de autoria coletivas ou co-autoria.

O capitalismo midiático é produtor e tem que gerir bens altamente perecíveis, a informação, a notícia, mas também bens simbólicos e imateriais altamente valorizados, como a produção estética. No eterno presente das medições e interfaces, o amador e o artista universais surgem como modelos de uma subjetividade pós-industrial.

Referências bibliográficas

BAUDRY, Jean-Louis. *Le dispositif*: approches métapsychologiques de l'impression de réalité. 1975.

BENTES, Ivana. Percepção e verdade: da filosofia ao cinema. Dissertação (mestrado). Escola de Comunicação da Universidade Federal do Rio de Janeiro, Rio de Janeiro, 1994.

BERGSON, Henri. *Matéria e memória*. São Paulo: Martins Fontes, 1990.

CHÉDIN, Olivier. *Sur l'esthétique de Kant et la théorie critique de la représentation*. Paris: Vrin.

COHEN, Renato. *In*: Performance e tecnologia: o espaço das tecnoculturas http://www.sescsp.org.br/sesc/hotsites/constelacao/textorede.htm

CRARY, Jonathan. *Techniques of the observer*: on vision and Modernity in the nineteenth century. Cambridge: MIT Press, 1996.

DELEUZE. Gilles. *Cinema 1: A Imagem-Movimento*. São Paulo: Brasiliense, 1985a.

______. *Cinema 2: A Imagem-Tempo*. São Paulo: Brasiliense, 1985b.

______. *Francis Bacon: logique de la Sensation*. Paris: Éditions de la Différence, 1984.

______. *Le Bergsonisme*. Paris: Presses Universitaires de France, 1968.

______. Pos-Scriptum sobre a Sociedade de Controle. *In*: ______ *Conversações*. Rio de Janeiro: Editora 34.

DUGUET, Anne Marie. "Dispositifs". *Vidéo Communications* n° 48, 1988.

FLUSSER, Vilém. *Filosofia da caixa preta*: ensaios para uma filosofia da fotografia. Rio de Janeiro: Relume Dumará, 2002.

GUATTARI, Félix. La machine à images. *Cahiers du Cinéma* nº 437, Paris.

LÉVY, Pierre. *L'intelligence colletive: pour une anthropologie du cyberspace*. Éditions de la Découverie, 1994.

MARAZZI, Cristian. Sobre a "attencion economy". *In*: *As multidões e o império: entre globalização da guerra e universalização dos direitos*. Rio de Janeiro: DP&A Editora.

MERLEAU-PONTY, Maurice. *Phenoménologie de la perception*. Paris: Tel Gallimard.

MINSKY, Marvin. La fusion prochain de la science, de l' art et de la psychologie. *Art Press/H.S.* nº 12, 1991.

NEGRI. Antonio. *O poder constituinte*: ensaio sobre as alternativas da modernidade. Rio de Janeiro: DP&A.

NINEY, François. Les yeux sans visage (Cinéma et Images de Synthése). *Cahiers du Cinéma* nº 406.

OMAR, Arthur. *Antropologia da face gloriosa*. São Paulo: Cosac Naify, 1996.

______. *O Zen e a arte gloriosa da fotografia*. São Paulo: Cosac Naify,1999.

Rheingold, Howard. *The virtual community*. Harper, 1993.

RUYER, Raymond. *La cibernétique et l'origine de la information*. Paris: Flammarion.

SIMONDON, Gilbert. *L'individu et sa genése physico-biologique* (l´individuation a la lumiére des notions de forme et d'information). Paris: Presses Universitaires de France,1964.

TACUSSEL, Patrick. “De l’imaginaire numérique à la dimension esthétique et cognitive de l’imaginaire social.” *Cahiers de l’imaginaire* nº 3. Editions Privat. Toulouse. 1989.

WEISSBERG, Jean-Louis. *Présences à distance - déplacement virtuel et réseaux numériques*: pourquoi nous ne croyons plus la télévision? Paris: L’Harmattan, 1999.

______. Téléprésence, naissance d’un nouveau milieu d’expérience. *Art Press/H.S.* nº 12, 1991.

Realismo sujo e experiência autobiográfica

*Beatriz Jaguaribe**

Vidas reais e autoria

A demanda por narrativas e imagens que retratam a 'vida real' atinge todos os circuitos midiáticos. No meio editorial, há o *boom* das biografias, autobiografias, relatos de testemunho, diários e cartas íntimas. No bojo de produções em torno da escrita do 'eu' ou do 'espaço biográfico', existem variações consideráveis que vão dos relatos *best-sellers* de 'auto-ajuda' que narram a saga da superação ou de conversão de um "eu" voluntarista face às adversidades variadas, até escritas complexas em que a rememoração do passado é entrevista como algo elusivo, em que o "eu" e a experiência são instáveis e passíveis de contraditórias representações[1]. Já em inúmeras produções cinematográficas recentes,

* Ph.D em Literatura Comparada pela Stanford University (Estados Unidos). Foi professora visitante em Dartmouth College e Stanford University, e atualmente integra o corpo docente da Escola de Comunicação da UFRJ.

[1] No seu livro *El Espacio Biográfico: Dilemas de la Subjetividad Contemporânea*, Leonor Arfuch (2002) esclarece que esse termo abarca as escritas autobiográficas, biografias, diários e cartas. São formas diversas do registro do "eu" e da subjetividade em que o ficcional e o real se entrelaçam.

tais como *Antes que anoiteça*, *Pollack* e *Capote*, entre tantas outras, a trama narrativa se concentra na figura do artista como personagem principal e sua vida constitui-se como alvo do interesse enquanto a obra artística propriamente dita figura como apêndice[2].

No circuito audiovisual, a espetacularização da vida íntima ganhou novos contornos com os *reality shows* televisivos em que pessoas anônimas encerradas em casas-laboratório atingem a fama instantânea ao terem suas atividades comezinhas e diálogos banais registrados por câmeras. Se nos *reality shows* há a criação de uma estufa artificial que serve de zona de experimentação controlada para que, no afã de abocanhar fama e fortuna, pessoas diversas possam fabricar identidades empáticas ao grande público, nas novas levas de documentários realistas busca-se um desmonte da espetacularização para que personalidade e circunstâncias de vida dos retratados tenham essa espessura da "vida real". Já na internet, proliferam os *blogs* e *fotologs* personalizados que, muitas vezes, transmitem as imagens e narrativas cotidianas de pessoas até ontem anônimas.

Tais escritos e imagens do "eu" postos em circulação pelos diversos meios midiáticos assinalam novas imbricações entre o público e o privado; o ficcional e o real. Sobre o primeiro fator, a perda das divisórias clássicas entre o público e o privado assinalaria que a valorização do "eu" decorre, entre outras coisas, de dois fatores conexos. Por um lado, a politização da vida privada na medida em que as características biográficas dos indivíduos assumem um peso relevante na definição de papéis e reivindicações sociais. Por outro, a presença avassaladora da mídia que engloba, na mesma teia de visibilidade, tanto agendas e eventos públicos quanto notícias referentes à individualidade privada.

[2] Ver projeto de doutorado de Paula Sibilia (2005), *O show do eu*. Neste projeto, Sibilia argumenta que o destaque dado à vida privada se alimenta da exposição da mesma nos meios midiáticos. Nesse circuito há uma "ficcionalização do real" e um culto à celebridade em que a figura do autor ganha mais projeção do que sua obra.

A democratização social ampliou o leque de reivindicações dos direitos de cidadania, inclusive, as políticas de identidade cultural transformam fatores biográficos tais como ser mulher, *gay* ou negro em categorias políticas. Mas, juntamente com esse consenso sobre os direitos de minorias e anônimos, os meios midiáticos promovem a cultura das celebridades efêmeras. A indústria do entretenimento, desde seus primórdios no século XIX, sempre atiçou a curiosidade sobre a vida íntima de atrizes, pessoas notáveis e artistas. Entretanto, é somente na cultura imagética do século XX que pessoas banais sem talentos específicos ou histórias de vida singulares são alçadas à meteórica fama instantânea que logo se apaga sem deixar lastro. Assim, integrantes do *Big Brother*, participantes de shows de variedades, animadoras de auditório, enfim, uma gama de pessoas envolvidas em atividades que lhes garantem instantes de visibilidade midiática é logo deletada por nova leva de aspirantes à fama.

No plano político, a vida privada dos dirigentes se converteu em matéria decisiva que abaliza a validade de suas premissas públicas. Há uma incessante fabricação de imagens de líderes políticos por mestres do marketing que buscam enfatizar a coincidência entre sinceridade, autenticidade e probidade privada com a capacidade de alavancar projetos de bem-estar social. O carisma populista se alimenta dessa ficcionalização da *persona* pública em meio ao esgarçamento de projetos coletivos de futuro.

Essa exacerbação da individualidade e do privado adquire potencialidade porque se alimenta de um vasto repertório ficcional disponibilizado por romances, filmes, seriados televisivos e programas de auditório. Tornou-se um lugar comum assinalar como na modernidade tardia as fronteiras entre o real e o ficcional se esvaem na medida em que assimilamos imaginários ficcionais para tecer as narrativas do nosso próprio cotidiano (Cf. Gabler, 1999). Mas insistir no caráter fabricado e imaginário dos nossos enredos não significa que esses sejam "distorções" de alguma realidade mais profunda mascarada pelos repertórios banalizados que circulam midiaticamente. Há uma aceitação da relativização antropológica cultural de como processamos nossas invenções do "eu", ou seja, a maneira pela qual selecionamos imaginários específicos em detrimento de outros também revela as circunstâncias reais da nossa autofabricação. Entretanto, quando os processos de ficcionalização se naturalizaram como modalidades disponíveis para a fabricação da auto-imagem, buscamos algum vestígio de experiências que não sejam mediadas.

Um dos paradoxos da construção da subjetividade contemporânea é a sobreposição de ideários contraditórios do "eu"[3]. Nesse embate entre repertórios contraditórios do eu, que vão do pragmatismo utilitário, do devaneio romântico, da busca pelo transcendente, da ética religiosa à narrativa do eu profundo psicanalítico, ao hedonismo, entre tantos outros, a ficcionalização narrativa e imagética de nossas vidas auxilia na construção de uma imagem coerente do eu. Através de diários, cartas, fotografias, vídeos e *souvenirs,* sedimentamos as peças que compõem um enredo maior cujo final não podemos antever. Se os laços sociais reforçam a idéia de nossa unidade de ser na medida em que somos identificados e reconhecidos no nosso meio social, as incessantes transformações da vida contemporânea na família, trabalho e relações afetivas fazem com que a tangibilidade do presente e as expectativas do futuro sejam incertas. Nesses territórios do cotidiano a validade da ficção enquanto tal perde sua força mobilizadora na medida em que se busca compreender e ter acesso a uma experiência intensificada do real. Daí o apelo dos *reality shows* que supostamente oferecem enredos de pessoas reais. A presença da câmera que observa e registra atos nímios e o fato de que essas pessoas devem criar para si personagens reconhecíveis para o público não eliminam o apelo do *real thing* porque a mediação da câmera termina por suscitar situações e realidades novas. Essas pessoas banais atuando em ambientes vigiados por aparelhos óticos oferecem o espetáculo supraexposto de algo que já nos acontece rotineiramente na medida em que passamos diariamente por câmeras de vigilância, *scanners* de identidade e mecanismos de controle. A di-

---

[3] Ver o livro de Charles Taylor, *As fontes do self*, em que o autor oferece um precioso mapeamento dos diversos conceitos filosóficos e artísticos que alimentaram os repertórios do *self* moderno.

ferença é que, no *reality show*, a criação do personagem é muito mais deliberativa e, por outro lado, o livre arbítrio dos participantes é altamente restringido porque eles não têm acesso aos manejos e cortes de edição feitos pelos montadores. Desta forma, embora possam interagir com os colegas e buscar estratégias de sobrevivência, seus destinos estão nas mãos dos controladores do programa e no ibope do auditório. Em última instância, são marionetes televisivas e essa condição de emparedamento, visibilidade midiática, súbita fama e descartabilidade parece refletir algo sintomático das relações humanas em sociedades altamente competitivas, individualizadas e midiatizadas.

Algo distinto ocorre com os autores de *blogs* e *fotologs*. O *blog* permanentemente atualizado absorve e depura os comentários dos internautas. Há uma interatividade entre público e autor que, por sua vez, tem controle sobre sua produção. Entretanto, o chamativo dos *blogs* e *fotologs* é que o assunto cadente não é, necessariamente, a força da imaginação criativa do autor, mas a capacidade que ele tem de projetar sua vivência corriqueira na tela e fazer disso um assunto de identificação empática. O romance realista de autor resgata o comum, mas através de sua maestria artística, o óbvio transforma-se em algo que nos impele a refletir sobre a condição humana. Na fotografia realista dos grandes mestres, há um olhar treinado e prenhe de conhecimento de imagens prévias que seleciona o momento fotográfico que irá render aquela fatia da realidade intensificada. Mas os escritores de *blogs*, assim como os fotógrafos dos *fotologs*, não são, necessariamente, artistas leitores ou fotógrafos peritos em fotografia[4]. Ao contrário, muitas vezes os escritos e imagens são produtos de um cotidiano imediato que retém relevância na medida em que coloca em foco a vivência pessoal do escritor-fotógrafo. Constitui-se, assim, uma espécie de arena democrática do dizer instantâneo que faz uso dos imaginários em circulação, mas não se edifica como um projeto de aprendizagem artística ou projeto

---

[4] Cf. Sibilia (2005), que enfatiza a emergência de escritores sem obra ou conhecimento literário que pautam suas escritas na vivência pessoal do cotidiano.

de construção do ser. Não se trata do *bildungsroman* em que vemos o desenlace formativo do "eu", tampouco há o aprimoramento de um projeto de conhecimento. Estamos aqui no espaço dos autores que quase não leram, dos fotógrafos que não possuem erudição imagética, de uma multidão de autores que dialogam com seus pares na tentativa de construir uma comunicação que amenize a solidão do internauta na sua cápsula cibernética. Mas é essa a experiência que se compartilha, a de serem indivíduos no enredo urbano. E a tela cibernética possibilita a comunicação sem a ameaça do encontro direto com o estranho, algo que é parte da experiência social da grande cidade. Sobretudo, a criação de personagens nos *blogs* e *email chats* se constrói na indefinição entre real e ficcional, na medida em que o meio eletrônico facilita um intrincado jogo de invenções do eu. Esse jogo, entretanto, gera interesse porque é uma brincadeira entre pessoas reais que usam máscaras ficcionais para se inventarem e construírem vidas sobrepostas ao costumeiro cotidiano.

Se não há um chão comum de vivências, memórias ou tradições, se nossa vida é permanentemente influenciada pelos imaginários postos em circulação pelos meios de comunicação e instituições, como forjar conexões de significados que rompam o casulo da solidão? Afora os rituais coletivos de cunho hedonista ou patriótico, afora as manifestações conjuntas da fé, o cotidiano normativo dos habitantes das grandes cidades é pautado pelo fechamento no mundo individual. Tornar o individual público é uma maneira de expor a experiência que marca a vida dos anônimos, embora, justamente, essa experiência não possua lastros totalizantes e nem coletivos. Mas ao expor os detalhes do cotidiano sem coletivo, termina-se por sedimentar um somatório de individualidades identificatórias.

As autobiografias e biografias, por sua vez, possuem outro código de retórica. São escritas que fazem uso dos recursos de dramatização ficcional, mas seu apelo advém da existência material das pessoas retratadas[5]. Diversamente dos *blogs*, os sujeitos protagonistas de biogra-

[5] Phillippe Lejeune (1975) assinala que o essencial na autobiografia é o pacto autobiográfico através do qual o leitor confia na veracidade do relato, na medida em que há uma coincidência entre o protagonista e o autor do texto.

fias e autobiografias somente ganham leitores se a construção de suas *personas* possuírem algum destaque. É sinal dos tempos, entretanto, que enquanto o século XIX foi prodigioso em biografias e autobiografias de pessoas notáveis, o século XX alargou, consideravelmente, a galeria de personagens passíveis de ingressarem no âmbito do espaço biográfico e diversificou o gênero canônico da autobiografia exemplar numa pluralidade de relatos íntimos, confessionais e revelatórios.

Em qualquer dessas modalidades, seja na espetacularização do *reality show*, passando pela prosa do cotidiano compartido do *blog*, e até no retrato de vida da autobiografia, o que está em pauta é uma busca pela significação da experiência pessoal. A condição do ser é ontologicamente solitária na medida em que ninguém pode nascer o nosso nascimento, existir a nossa existência ou morrer a nossa morte.

Quanto à "autoria", ao longo do século XX, assistimos às mais sutis transformações da "assinatura" como atributo de valor de objetos produzidos em escala industrial, das quais o *design* é o exemplo mais cabal. A ruptura com as formas tradicionais de atribuição de autenticidade das obras-de-arte, no contexto do modernismo clássico, foi, neste sentido, apenas parcial, pois um certo "efeito de assinatura" permaneceu como índice de autoria, à qual a própria noção de autor (e sua biografia) estava, em larga medida, subordinado. No contexto dos realismos contemporâneos, a autenticidade das obras e, sobretudo, das experiências das quais são portadoras, repousa principalmente sobre a biografia. É a biografia, o lugar de onde se fala, a trajetória de vida de quem fala e em nome de quem se fala – e não a imaginação, a inspiração ou a experimentação, por exemplo – que constituem o autor e legitimam o seu imaginário.

Ao contrário dos romances naturalistas e realistas do século XIX, nos quais a subjetivação autoral era cancelada em prol da observação documental (naturalismo) ou da condição social e expressão psicológica dos personagens (realismo), diversas narrativas realistas contemporâneas não privilegiam uma objetividade descarnada. No lastro do novo jornalismo literário americano dos anos 1950, que matizava a observação empírica com recursos literários de caracterização dos personagens, riqueza de descrição e enfoque na autoria do escritor, em novos registros realistas a subjetividade e o lugar de onde se fala tornam-se fatores importantes que abalizam a autenticidade da narrativa[6]. A objetividade aqui adquire um novo sentido, pois ela consiste em ser fiel aos critérios próprios de observação e em ter conhecimento de como o "eu" autoral se vê imiscuído no mundo.

Ainda que os cânones da cultura letrada e da experimentação formal possam ser eventualmente acionados nessas produções, a velha categoria da "autenticidade" revigora-se, agora vinculada ao biográfico. No caso brasileiro, para citar um exemplo, o retrato da favela verbalizado pelo favelado possui maior poder de barganha do que a visão da favela entrevista pelo fotógrafo classe-média, pelo cineasta publicitário ou pelo escritor erudito. Dá-se nessa demanda um dos paradoxos do realismo contemporâneo: o testemunho biográfico serve igualmente como critério de validação da experiência e como suporte da ficção. Tal demanda exige viver a vida de cada dia com o olho rememorativo que converte a experiência em matéria estética apreensível segundo critérios sedimentados pela ficcionalização. Se os autores testemunhais predicam o "ver-me como quero ser visto", essa exposição está em larga medida condicionada pelas estéticas da verossimilhança realista.

Nas páginas a seguir quero enfocar o estudo de caso de dois artistas distintos que, entretanto, retêm algumas características em comum relevantes às estéticas do realismo e à experiência autobiográfica. São eles o escritor cubano Juan Pedro Gutiérrez (1950 -), autor de contos, poemas e romances, entre os quais se destacam os seis livros que compõe o ciclo de Havana, e a fotógrafa americana Nan Goldin (1953 -) cujas fotografias aparecem em vários livros, entre os quais *I'll Be Your Mirror* (1996), que será o objeto de minha análise.

---

[6] Ver, nesse sentido, os livros clássicos deste gênero narrativo da reportagem com recursos literários em *O segredo de Joe Gould,* de Joseph Mitchell (2003), *A sangue frio,* de Truman Capote (2003), entre outros.

Esses artistas trabalham essencialmente com a experiência autobiográfica. Mas, para cada um, essa experiência, o teor dela e as implicações culturais que possibilitam a formação do "eu" são diferentes. Ambos incidem na retratação de culturas fora de uma suposta "normalidade" classe média *mainstream*; investem, fortemente, na vivência de cidades específicas, Havana e Nova York, e fazem uso da *persona* autobiográfica para enfatizar diferentes estéticas do realismo em que o texto e a imagem parecem fruto de uma espontaneidade vivencial pautada, sobretudo, pelas experiências sensoriais do corpo.

Realismo sujo e a experiência autêntica

Em várias entrevistas, Gutiérrez enfatiza as origens de sua prosa: a prática jornalística e a influência dos modernos escritores americanos, tais como Hemingway, Capote, Anderson, Faulkner, entre outros. Também reconhece seu débito aos mestres da novela detetivesca, como Chandler e Hammet. Colocando-se fora dos cânones da literatura cubana, Gutiérrez almeja, sobretudo, o efeito realista de uma prosa despida do preciosismo literário. É uma literatura que se distancia da prosa ornamental, metafórica ou conceitual. Mas é uma prosa que tampouco quer se aprisionar nos clichês que remetem aos gêneros narrativos trilhados com um estilo de escrita facilmente identificado, como é o caso das narrativas de detetive, dos romances de ação ou dos enredos de desenlace passional. O autor com quem mais consistentemente tem sido comparado é Charles Bukowski, o mestre americano da narrativa boêmia lúmpen de uma Los Angeles dos desesperados. No entanto, Gutiérrez renega o parentesco e no seu *site* declara que somente leu Bukowski tardiamente, devido aos insistentes comentários que os relacionavam. São evidentes, entretanto, os motivos da comparação. Como Gutiérrez, Bukowski também recria um alter ego personagem que possui suas características marcantes, é escritor, afeito à bebida e ao sexo, boêmio e avesso aos apelos do *American Dream* da realização pessoal nas modalidades apregoadas pelo sistema que estipula a demarcação implacável entre os perdedores e vencedores na corrida da competição pessoal. Se Bukowski, na sua escrita direta, coloquial e um tanto descrente, desfaz as mitologias do "progresso" individual e social, Gutiérrez, de outra forma, dinamita as expectativas redentoras de uma socialização coletiva. Mas o que de fato os une é a aposta fundamental numa estética do realismo sujo, apoiada no relato autobiográfico ficcional que outorga uma centralidade a um corpo transgressor em contínuo embate com os limites de suas circunstâncias sociais. No entanto, o relato do sexo desmedido, da bebedeira incontrolável e da intoxicação nos falam de uma impossibilidade de aceitação do desencantamento cotidiano. Nessa pulsação, os instantes de epifania estão empapados dos detritos do mundo e jamais se afastam da materialidade humana das coisas entrevistas no seu prosaico costumeiro. Não há sublime, nem elevação transcendente, mas a intoxicação erótica e etílica produz uma alquimia da mutação e garante instantes de prazer revelatório que somente podem ser apreendidos na representação narrativa. Em outras palavras, o realismo sujo que busca encurtar a distância entre vivência e escrita joga com uma contradição porque essa vivência ganha significado quando ela deixa de ser vivência e passa a ser escrita literária.

A prosa de Gutiérrez retoma o tema do fracasso, da vida fora do sistema, da perda de perspectivas redentoras, para enfatizar a falência de qualquer projeto utopista revolucionário numa cultura que, entretanto, ainda possui sua pujança coletiva na festividade, nos rituais da santeria e na corporalidade compartilhada.

A coincidência entre experiência de vida e narração ficcional repousa na valorização da sinceridade e da autenticidade como abalizadoras da representação. É neste sentido que Gutiérrez aceita a rotulação de realismo sujo quando menciona seu livro *Animal Tropical* (2000) e declara:

> "E eu acredito que este livro está dentro de uma linha muito forte do realismo sujo, entendido como uma maneira de chegar sempre ao limite da literatura, ao limite dos personagens, de não esconder nada dos personagens. Isso é o que entendo

> por realismo sujo. Há quem acredite que o realismo sujo é falar da sujeira material que pode existir em Centro Havana, ou descrever cenas sexuais. Mas para mim, escrever desta maneira é chegar ao limite de cada personagem (...) Eu entendo a literatura como um ato de reflexão, de análise, de exploração da vida e de sinceridade. Estou fazendo literatura, não jornalismo, nem testemunho, mas com muita sinceridade, tratando de dizer o que ninguém se atreve a dizer"[7].

Se a literatura depende da sinceridade com que se narram experiências-limite, por que ela se diferencia do testemunho ou do jornalismo? A resposta para Gutiérrez estaria na ênfase que ele coloca na espessura do retrato que foge da suposta objetividade jornalística e não se esgota no projeto de denúncias, tão característico dos relatos de testemunho. Mas essa subjetividade desregrada nas sujeiras do mundo encerra uma agenda específica da arte literária, uma postulação que define uma recusa frontal ao imaginário fantasioso. Essa postura sobre o fazer literário é continuamente repisada através da comparação entre a sua figura de escritor "sincero" e um dos grandes mestres da literatura cubana, Lezama Lima.

Em entrevista ao jornalista espanhol José Luis Guntin, Gutiérrez explicita o contraste:

> "Lezama Lima vivia no meio do bairro Colón, o bairro das putas de Havana, na rua Trocadero. Ele queria escapar dessa realidade através dos livros. Comia uma pizza ou uma milanesa num bar pé-sujo e depois se fechava no seu quarto para escrever sobre os mais suntuosos banquetes romanos. Vivia vestido com terno, com as portas e as janelas fechadas. Tudo ao contrário da gente que o rodeava"[8].

[7] Ver entrevista no *site* www.pedrojuangutierezz.com. Todas as traduções das citações das entrevistas de Gutiérrez são minhas.

[8] Ver entrevista com *El Castellano*, no *site* www.pedrojuangutierezz.com.

Em palestra realizada no Centro Cultural Banco do Brasil do Rio de Janeiro, em 2003, escutei a mesma anedota sobre a pizza indigesta de Lezama Lima e seus escritos sobre os banquetes romanos. Pouco importa a veracidade da anedota. Se Lezama de fato comia em tal pizzaria ou se sua prosa sensual e metafórica era um antídoto contra o mundo da escassez, sordidez e da restrição controlada. O que interessa nessa anedota é como Gutiérrez a utiliza para afirmar sua própria concepção da relação entre experiência e ficção. Concepção essa que delimita uma linhagem diferente entre aqueles escritores que fazem da vivência cotidiana seu material de escrita e outros que tecem da fantasia seu nicho de ficcionalização. Os primeiros pertenceriam ao gênero da estética realista, os outros se alinham na literatura fantástica, surreal, neo-romântica, imaginativa, metafórica.

O significativo de sua anedota, assim como o poder de sua própria prosa, reside em algo que ele próprio não esclarece e nem delibera. Este "algo" está contido na equiparação entre percepção da realidade social e o registro realista. Em outras palavras, o que Gutierrez enfatiza é que a realidade é realista, que ela é feita da observação vivida, da anotação palpável da prosa mundana e da percepção social e psicológica dos seres humanos sobrevivendo nas engrenagens do social. Lezama, em seu devaneio do banquete romano, revelaria a fantasia em fuga da denotação própria da realidade.

Entretanto, sabemos que a realidade é disputada e fabricada por discursos, instituições, agentes e eventos. Nossa condição moderna coloca em destaque a natureza fabricada de realidades múltiplas. Sobretudo, desde suas origens, o romance é o gênero literário que mais potencializa a multiplicidade de vozes, subjetividades e discursos que tecem a tessitura da representação da realidade. Um escritor como Gutierrez não negaria a pluralidade dos imaginários culturais sobre a realidade. Mas o que ele busca destacar é que a escrita para ele não é tramitada na imaginação fantasiosa, mas na ficcionalização da sua própria experiência. Para tornar-se convincente, essa escrita deve estar imbuída de algo que lhe dê poder de persuasão, a famosa pregação da sinceridade que também se coaduna com a autenticidade. Para um escritor realista como Gutiérrez, a sinceridade está no descaramento de sua prosa que busca ferir qualquer decoro do bom tom e que desmascara os ideários do bem-estar cubano, revelando a precariedade, escassez, sordidez e ao mesmo tempo a pujança de Centro Havana e sua população de biscateiros. Essa sinceridade, por sua vez, se legitima face à vivência personalizada do autor que não estaria literariamente construindo a fala e o pensamento dos seus personagens desde fora, não teria a distância antropológica, nem a estilização literária porque sua construção ficcional é tramitada pela autenticidade de sua própria experiência. Com exceção do romance *O Rei de Havana* (1999), todos os contos e romances de Gutiérrez têm como protagonista principal um alter ego ficcional, Pedro Juan, cujo nome reflete seu espelhamento com o autor. Mas a fabricação da autobiografia ficcional não é necessariamente inevitável para garantir o "efeito do real" da autenticidade do relato.

Enquanto enfatiza o lado autobiográfico de sua ficção com declarações "(...) me dei conta de que 85%, talvez 90% do que está escrito na *Trilogia* é totalmente autobiográfico, cruamente e excessivamente autobiográfico. Às vezes penso que me desnudei demais diante do público, fiz um *strip-tease* prolongado demais"[9]. Onde está a linha divisória entre a ficção e a experiência autobiográfica, onde começa a máscara do alter ego personagem ficcional e termina a automodelação do escritor Pedro Juan?

Ao longo do ciclo de Havana, o personagem Pedro Juan vai modificando-se, envelhecendo, adquirindo novos amores, desfazendo-se de outros, mas no espelhamento da "vida real" do seu autor nunca atinge a proeminência literária do mesmo, nem adquire o patrimônio da vendagem dos seus livros. Como revela em várias entrevistas, a relação do autor Gutiérrez com seu personagem é eivada de ambigüidades. Por um lado, Gutiérrez afirma que o Pedro Juan ficcional é *muy autobio-*

[9] Ver entrevista com Stephen J. Clark publicada em Delaware *Review of Latin American Studies*, v. 2, n. 1, 15 de dezembro de 2000. A entrevista está disponibilizada no *site* oficial do escritor.

gráfico e que os outros personagens são combinações inventadas de pessoas que conheceu e observou. Por outro, admira-se da reação dos jornalistas quando esses o entrevistam e ficam espantados em encontrar um homem afável e bem-humorado que se distancia da imagem da truculência macha encenada pelo personagem autobiográfico. Pedro Juan autor se alimenta de Pedro Juan personagem porque esse lhe confere fama e legitimidade. Pedro Juan autor cultiva seu lado anti *celebrity* que segue, entretanto, por outras vias, a mesma lógica da *celebrity*. No seu *site* oficial, o autor Pedro Juan se exibe em galerias de retratos que remetem diretamente aos locais retratados na sua ficção. Podemos vê-lo em *close up* no terraço tropical — local tantas vezes mencionado em seus livros — suspenso acima dos edifícios carcomidos de Centro Havana ou pintando quadros abstratos tal como seu protagonista. Vários retratos enfocam o rosto marcado, a careca total e o charutão cubano fincado na boca, características físicas essas também reveladas nas páginas literárias, embora no retrato do Pedro Juan personagem o leitor é brindado com minúcias de detalhes que descrevem o sexo do alter ego. Em quase todas as entrevistas, Pedro Juan autor enfatiza episódios de sua vida, detalha que constrói os personagens a partir da observação direta do que transcorre a sua volta em Centro Havana, bairro lúmpen, deteriorado, com gente sobrevivendo por meio dos mais variados biscates, prostituição, mercado negro, enfim, gente presa num ciclo de escassez em que somente o sexo, bebida e drogas possibilitam uma válvula de escape.

Como já foi assinalado muitas vezes, temos maior conhecimento dos personagens literários do que dos nossos familiares porque a vida do personagem literário nos é revelada, seus pensamentos são expostos com maior ou menor explicitação, de acordo com as intenções do autor. Esse controle que possibilita o ficcional também se espelha nas versões da vida do autor captadas por entrevistas, depoimentos, fotografias e outras formas de testemunho. Embora esse sujeito autoral seja um produto da palavra e da imagem tanto quanto seu personagem, sua validação biográfica proporciona uma ilusão de vivência direta não mediada. Algo que nós, no nosso cotidiano amorfo tanto buscamos e almejamos.

Através dos livros do ciclo de Havana, vemos o personagem Pedro Juan que possui quase a mesma idade cronológica do seu autor. Nós o encontramos pela primeira vez em *Trilogia Suja de Havana* (1998) por volta dos quarenta e poucos anos vivendo o auge da falência econômica de Cuba após o desmonte da ajuda soviética; este é um Pedro Juan cínico e sobrevivente. Revemos Pedro Juan em *Animal Tropical* (2000) com 50 anos e, como o seu autor, buscando saídas para o seu impasse pessoal e econômico numa ida à Suécia, onde se envolve com uma sueca, mas retorna saudoso, novamente, para Centro Havana e para o amor luxurioso da mulata Gloria. Um Pedro Juan mais fatigado, artístico e desencantado emerge nos contos *O insaciável homem-aranha* (2002) e novamente Pedro Juan desponta no livro *Carne de Cachorro* (2003), numa versão mais contemplativa, amadurecida e ao mesmo tempo distanciada; o sexo continua obsessivo, mas paira uma ternura inusitada, há um esgotamento do tempo e uma nuance nos impasses de vidas sem saída. Finalmente, no último livro que completa as narrativas de Centro Havana, *O ninho da serpente* (2005), temos um Pedro Juan adolescente e jovem nos anos iniciais da revolução cubana, um Pedro Juan sendo iniciado sexualmente, envolto no entusiasmo inicial das reformas revolucionárias, algo que dura pouquíssimo, quando os ditames do sistema freiam seus anseios transgressores e libertários.

Como salientam os críticos do gênero autobiográfico, qualquer escrita sobre a experiência nunca é simultânea à própria vivência dela. Diversamente do retrato fotográfico que petrifica o instante, a escrita é sempre um esforço rememorativo por mais breve que seja o intervalo entre o pensamento, o evento e a escrita. Sobretudo, a escrita autobiográfica revela que o "eu" é uma interpretação narrativa que rememora, seletivamente, os repertórios que compõem a experiência do viver. No ciclo de Havana, Gutiérrez busca, através da narrativa no presente e na compilação dos retratos do seu alter ego, reduzir a distância entre experiência e representação para colocar a literatura próxima do cotidiano, para criar uma ilusão de tempo compartilhado que não seja rememorativo porque o que enfatiza é o impacto do presente. Mesmo seu livro sobre sua adolescência é escrito no presente, como se fosse o próprio Pedro Juan adolescente que estivesse juntando os episódios, emoções e personagens de sua vida num tempo imediato. Assim, o realismo sujo com sua ênfase no corpo e nos limites dos personagens, a narrativa ficcional autobiográfica que enfoca o artista transgressor e a narração em tempo presente são os ingredientes que compõem uma tipologia específica da experiência. Mas qual é essa experiência, como é que a ficção de um "eu" singular pode transmitir algo coletivo?

Havana suja e a experiência marginal

A visceralidade da prosa de Gutiérrez faz uso das circunstâncias específicas de Cuba envolta no impasse de uma revolução estagnada. Embora tenha feito um recorte muito específico de Cuba, pois somente menciona Havana e um setor específico de Centro Havana habitado por pessoas alheias ao sistema, a prosa de Gutiérrez explicita como cada uma daquelas vidas individuais transcorre numa cidade onde todos estão retidos na temporalidade definida pelo advento da revolução de 1959 e pela carência de perspectivas imediatas de um futuro diverso. A escrita torna-se um registro seletivo da cidade, cuja diversidade de pessoas e invenções do cotidiano não apresenta, entretanto, a fragmentação, heterogeneidade e diversidade das grandes metrópoles capitalistas. Isso não pressupõe que a prosa de Gutiérrez evoque algo parecido ao que Walter Benjamin designou como "experiência", já que para este pensador a "experiência" legítima somente poderia ser pautada pela tradição coletiva, mas indica que habitar Havana difere do habitar outras cidades capitalistas porque nessa cidade há um repertório simbólico controlado que rege coletivamente a vida. Há, portanto, uma especificidade de ser cubano em Havana, um inevitável pertencimento mesmo na faina diária do salve-se quem puder da sobrevivência. Mas esse emparedamento ocasionado pelas políticas do Estado também traduz impasses vivenciais que transcendem a situação cubana. Afinal, os leitores de Gutiérrez são estrangeiros, afinal somente *Animal Tropical* foi publicado em Cuba.

Os leitores de Gutiérrez estariam sujeitos ao que o filósofo italiano Giorgio Agamben chamaria de perda de experiência:

> "A questão da experiência somente pode ser compreendida hoje em dia com o reconhecimento de que ela já não nos é acessível. Assim como o homem moderno foi desprovido de sua biografia, sua experiência igualmente foi expropriada (...) Hoje, entretanto, sabemos que a destruição da experiência não mais necessita uma catástrofe e que as ocorrências da vida diária em qualquer cidade já são suficientes. Pois o dia costumeiro de qualquer homem moderno não contém praticamente nada que possa ser traduzido em experiência" (Agamben, 1993, p. 13)[10].

Na fragmentação da cotidianidade metropolitana, os indivíduos estão sujeitos aos embates do choque e não possuem vocabulários de reconhecimento. Se não há experiência sedimentada na tradição, tampouco parece haver possibilidades de experiências pautadas pela transcendência. Agamben, seguindo Benjamin, nos explicita como Baudelaire, o poeta do moderno, colocou o choque como sendo o cerne da sua perspectiva artística, pois:

> "É a experiência que melhor nos oferece proteção da surpresa e a produção do choque sempre implica numa fissura da experiência. Experimentar algo significa despojá-lo de sua novidade, neutralizando seu potencial de choque. Daí o fascínio de Baudelaire com as mercadorias e a maquiagem — o supremamente não experienciável" (Idem, p. 41).

A cultura capitalista da modernidade com suas mercadorias, inovações técnicas, mediações midiáticas e circulação de informações e imaginários pareceria dinamitar um espaço em comum que sedimentaria a experiência pautada pela transcendência e a tradição.

---

[10] As traduções das citações em inglês são minhas.

Entretanto, se interpretamos a experiência não como a potencialização da tradição coletiva, mas como aquilo que nos produz a sensação intensa de "estar-no-mundo", podemos dizer que há, no confronto com o choque e na vivência das grandes cidades, uma proliferação de experiências. Essas experiências traduzem uma consciência de ser, estruturas de sentimento, formas de viver. Sobretudo, podemos argüir que a cultura da modernidade efêmera com sua ênfase na transformação, inovação e imaginários midiáticos propicia um caudal específico de experiências que são reconhecíveis como próprias da modernidade tardia. A proliferação de escritos do "eu" mencionados no princípio deste ensaio detalha essa busca pela significação cotidiana como forma de produção de sentido em que os registros contemporâneos do realismo atuaram como uma pedagogia de discernimento da nossa condição de estar no mundo. A importância da autenticidade, na ótica dos artistas engajados com os registros do realismo, seria oferecer imagens e narrativas que situassem os impasses e as contradições da vivência cotidiana dotando-os não de um sentido coletivo ou transcendente, mas de uma subjetividade capaz de revelar nossa busca por significados num tempo profano quando já não temos nem utopias do futuro nem retemos as sabedorias da tradição.

Daí que a prosa de Gutiérrez possui seu poder evocatório do real porque ela descreve a experiência que nem é coletiva no sentido de Benjamin, nem é estritamente midiatizada. Em Havana, há um adensamento da experiência comum porque não existem saídas individualistas consagradas nem perspectivas imediatas de alteração do futuro.

Os *souvenirs* petrificados da revolução, a retórica emperrada do líder Fidel Castro, os magníficos edifícios carcomidos, os automóveis americanos vetustos, os uniformes dos jovens pioneiros escolares, as lojas de abastecimento que distribuem a cesta básica racionada, o controle da imprensa e do ensino, os hotéis estatais de arquitetura glamorosa dos anos 1950 disfarçando o desgaste com remendos baratos, todos esses fatores fazem de Cuba uma espécie de "parque temático" do tempo retido na imobilidade de uma revolução estagnada. Os signos do contemporâneo são inscritos nas zonas de movimentação turística onde despontam os hotéis, lojas de *shoppings*, enfim, um mundo do consumo abastado afastado da vivência cotidiana do cidadão cubano. Cuba retém poder mobilizador no imaginário mundial porque se encontra apartada do consumo e da tecnologia contemporânea mediante sua estagnação como modelo socialista desgastado. Funciona como uma reserva de memória de como a "vida" se processaria fora dos ditames da sociedade de consumo massivo. Se no mundo democrático capitalista estamos saturados de imagens, narrativas e informações que não possibilitam uma totalização da realidade social, em Cuba, os suportes de construção simbólica da realidade são mais escassos e na vivência diária as singularidades, repertórios culturais e opções de vida estão, necessariamente, encapsulados por uma espécie de experiência "coletiva", na medida em que todos estão sujeitos aos ditames do Estado, ao embargo americano e ao acesso limitado ao mundo fora da ilha socialista.

A prosa autobiográfica ficcional de Gutiérrez narra esse cotidiano do desmanche com uma escrita de fácil leitura, em que os impasses da subjetividade não incidem numa indagação sobre como o sujeito é constituído na linguagem, como ele carece de fundamento ontológico ou como ele é uma construção simbólica. Aqui a subjetividade é tramitada na espessa malha cultural contra a qual e na qual se constitui. Não há os chavões da denúncia ideológica, inexiste o sentimentalismo da redenção pessoal, mas tampouco impera o niilismo da incomunicabilidade. A caracterização de personagens e desse alter ego ficcional nem sempre escapa do reducionismo tipológico. Mas o que dá o "efeito do real" dessa prosa é que, sem problematizar seu estatuto de ficção, resta o espaço libertário da palavra literária e o uso do realismo sujo como vitalismo existencial de uma cultura da pujança sensorial.

O *snapshot* como instantâneo da vida

Algo desse vitalismo existencial também permeia a prática fotográfica de Nan Goldin. Mas a temporalidade do ato fotográfico e a sua relação com a representação da experiência são outras. Enquanto o realismo literário de Gutiérrez enfatiza o presente para produzir a ilusão ficcional da vivência imediata, Goldin, como todo fotógrafo, faz uso do instantâneo fotográfico que aprisiona o presente para transformá-lo num passado que será contemplado no futuro. Nan explicita sua "prática do retrato" em entrevista publicada no livro *I'll be Your Mirror,* afirmando:

> "É sobre tentar sentir o que a outra pessoa está sentindo. Há uma parede de vidro entre as pessoas e eu quero quebrá-la. Um dos equívocos sobre meu trabalho é o de que tenho relações com as pessoas porque elas são sujeitos fotográficos espetaculares. Mas a necessidade emocional vem primeiro e depois vêm as fotos" (Goldin, 1996)[11].

Adiante explicita:

> "Meu trabalho advém do *snapshot*. É a forma de fotografia que é mais definida pelo amor. As pessoas as tiram por amor e as tiram para lembrar-se de pessoas, lugares e momentos. São sobre criar uma história ao gravar uma história. E é isso exatamente o que é o meu trabalho" (Idem, p. 459).

No restante da entrevista, Goldin afirma que quando jovem começou a escrever diários como uma maneira de reter sua própria versão das coisas. Depois veio a experiência fotográfica, que era uma forma de "me manter viva, me manter sã e centrada. Era sobre confiar na minha própria experiência" (Idem, p. 451). Isso porque, segundo Goldin, ela não fotografa com distanciamento "O que estou interessada é em captar a vida enquanto está sendo vivida e o sabor e o cheiro dela e manter isso nas fotos" (Idem, p. 452). Daí que não se limita a tirar somente um retrato específico das pessoas, mas muitas vezes as documenta ao longo do tempo para que a multiplicidade dos retratos também dêem conta da passagem temporal de uma vivência.

---

[11] As traduções das citações em inglês são minhas.

As lentes de Goldin quase sempre captam imagens de seus amigos, familiares, amantes e de si mesma. Muitas das imagens de Nan – que é fortemente influenciada pelo cinema – parecem sugerir um seqüenciamento fílmico, instigando o espectador a dar margem a invenções narrativas. Já em outras, há a pausa condensada própria do retrato fotográfico; o retrato por si destila uma perspectiva sobre o conflito emotivo do retratado ou a condição limite em que se encontra. Seja em preto e branco ou em imagens de cores fortes, tiradas sob a luz artificial de hotéis, bares e apartamentos, as fotografias de Goldin fogem da composição modernista, não possuem, deliberadamente, um rigor formal. O nível de engajamento íntimo entre a fotógrafa e os retratados e o teor das imagens que incidem quase sempre sobre personagens da boemia artística, figuras da cultura *underground*, personagens do mundo das *drag queens* e jovens do mundo *punk-rock* compõem um painel diverso do álbum rememorativo usual. De fato, Nan Goldin fotografa sua "tribo" e a si mesma ao longo dos anos. Nas entrevistas que compõem o livro citado, Goldin explicita que *"I was documenting my life"* (Idem, p. 136).

Entretanto, como ela documenta sua vida? Quais são os registros disponibilizados para tanto? Sobre si mesma, Nan esclarece que:

> "Eu estruturo meu trabalho por meio destas encruzilhadas na minha vida. Têm havido pontos de ruptura que são como cortes. Depois de ter sido espancada, eu pensava em tudo como um antes e depois daquilo. E então, eu fui para a clínica e fiquei sóbria em 1988. Eu definia minha vida inteira por isso, como A.C e D.C, e praticamente não podia me lembrar de nada que me havia acontecido antes. Nesse momento, o passado era escuridão, e então eu estava na plena luz. Somente nos últimos anos que eu pude conectar essas duas partes de mim mesma" (Idem, p. 448).

Embora estivessem documentando experiências díspares, culturas diferentes, pessoas singulares e a despeito do contraste entre o auto-retrato literário ficcional elaborado por Gutiérrez e a fotografia autobiográfica de Goldin, há um elemento em comum entre ambos que denominaria como sendo o intuito de colocar a arte ficcional literária ou fotográfica a serviço de uma captação da experiência pessoal e cultural permeada pelo subjetivismo autobiográfico em viés realista centrado no mundo da "marginalização". Esse subjetivismo autobiográfico, por sua vez, se atém a estéticas específicas de representação.

Em Goldin, essa retórica da representação se condensa em algumas opções estéticas e temáticas que permeiam seu trabalho ao longo dos anos. Destaco quatro formas de olhar: a opção por uma temporalidade dividida entre o instantâneo do *snapshot* e a longa duração do documentário; a transformação do ato fotográfico em um registro de memória voluntária; a revelação da intimidade como sendo encenada e espontânea; a retratação de situações limites de uma certa boemia em desaparição.

O uso da imagem no estilo espontâneo e despojado do *snapshot* não apenas remete ao álbum afetivo, como também enfatiza a equivalência entre viver e fotografar, sublinha o registro da vida-sendo-vivida e da vida-como-imagem. Enquanto o senso comum sobre a fotografia sugere que qualquer imagem fotografada pressupõe um voyeurismo que distancia o fotógrafo da vivência direta, Nan quer enfatizar que as gerações de pessoas que cresceram no meio midiático já não tecem a separação entre vivência e representação mediada. Mas a conclusão a que ela chega sobre a experiência mediada é diametralmente oposta daquela usualmente sustentada pelos críticos da indústria cultural. Goldin quer sublinhar que não se trata do casulo espelhado tal como entrevistos nos *reality shows Big Brother,* onde as pessoas vivem em âmbitos programados, onde as agruras e detalhes da intimidade são flagrados e encenados para efeito da imagem. Nem seus retratos são sobre indivíduos encapsulados na sua singularidade estranha, refletindo a grande alienação da sociedade midiática, um assunto tão presente nas fotografias de tantos modernistas, como Weegee e Arbus. Nan insiste na equivalência entre o viver e o fotografar, o viver o e escrever, o sentir e se ver como imagem. Como se a representação não fosse um meio de distanciamento, mas aquilo que possibilita uma comunhão de sentimentos, aquilo que disponibiliza, para outros olhares, uma experiência tangível e palpável. Mas para que isso assim seja, os retratados e a própria fotógrafa absorvem a experiência fotográfica como parte constitutiva de uma criação de um *self* multifacetário que tanto é encenado quanto é flagrado. Nesse sentido, as pessoas podem posar, podem criar ficções, podem aparecer de formas contraditórias, mas a pátina da autenticidade se dá por meio do pacto fotográfico entre os retratados e a fotógrafa. São membros de uma mesma tribo, são participantes de uma mesma cultura, são semblantes que têm em comum um repertório de subjetivação. Há, portanto, uma busca deliberada pela experiência vivida que a máquina fotográfica registra não como se fosse um componente neutro, mas como se fosse um espelho mágico que potencializasse a experiência de "se ver vivendo". Uma combinação singular de *naiveté* deliberada com expertise artística.

A fotografia como memória voluntária

Escolher fotografar a amiga amada Cookie como cadáver, tirar o retrato de Max, filho de Cookie no funeral da própria mãe, fotografar o colega Bobbie se masturbando, fotografar a si mesma na cama beijando o amante Brian, tirar a foto diante do espelho depois de ter sido esmurrada por Brian, todos esses instantes e gestos fotográficos implicam a encenação de uma memória voluntária. A arte de Goldin consiste, justamente, em registrar de forma não sensacionalista imagens de um cotidiano por vezes inesperado, usual, extremo, mas nunca banal. Mesmo em imagens que beiram a obviedade do *snapshot* corriqueiro, as imagens de Nan fogem do banal porque elas enfatizam a experiência única. Foram selecionadas e por isso devem significar. Esse constante clicar da máquina que acompanha a fotógrafa é o oposto da memória involuntária, tão central à poética do passado dos escritores como Proust e ao resgate do trauma inconsciente na terapia freudiana. Na memória involuntária que ilumina o relato literário, o passado emerge subitamente, ele desponta num instante revelatório atiçado por algum objeto, pessoa ou evento que traz à tona um pretérito esquecido. A experiência da memória involuntária para Proust era o instante epifânico porque nele passado e presente se fundiam numa totalidade de revelação vivida e lembrada. A escrita rememorativa seria essa fina rede de recordações que dispensa a descrição verossímil do presente para fazer emergir o palimpsesto do passado. Na narrativa do inconsciente freudiano, a mente resguarda, no sótão da memória, as quimeras, traumas e choques que desestabilizam a manutenção do "eu" cotidiano. Entretanto, esses medos sepultos afloram inesperadamente, dando margem a comportamentos desestabilizadores. A terapia se realiza na purga narrativa dos sonhos, traumas e medos desse inconsciente obscuro que é progressivamente revelado e domesticado. O ato fotográfico de Goldin retém outra temporalidade e outra lógica de visibilidade. Todo ato fotográfico de Goldin pressupõe tanto a consciência de "ser enquanto está sendo filmado" quanto sua naturalização. Somos midiáticos e autênticos, é sua aposta. Essa configuração do passado como *snapshot* que sobrevive quer enfatizar nem tanto a vida oculta na interioridade de um "eu" reprimido por convenções ou traumas, não diz respeito ao diário secreto, ao inconsciente oculto, aos devaneios de sonhos, mas reflete a ação de estar-no-mundo, colocando em cena algo que é o *salvar-se pela imagem*. Como as pegadas de criaturas perecíveis e, no entanto, tangíveis na sua unicidade, suas fotografias preservam o cotidiano bizarro naturalizado. Seu gesto fotográfico não é heróico no sentido de uma Diane Arbus que peregrina nas beiradas irredentas de um mundo americano em falência. Aqui os *losers* do sistema são *stars* que vão atingir uma celebridade fugaz, mas mesmo como *stars* não exibem a superficialidade das celebridades *mainstream* porque são pessoas que arriscam suas existências na própria transgressão que as constitui. Sobretudo, nos retratos de amigos cujas vidas foram devastadas pela epidemia da Aids, a fotografia torna-se um memorial de afeto que não coloca os amigos moribundos nem como heróis, nem como vítimas, nem como figurantes de uma tragédia. O que se busca aqui é alargar ao máximo as possibilidades do afeto mesmo diante de situações irremediáveis e essencialmente solitárias como é a experiência da própria morte. Ver os agonizantes, fotografar a transformação física das pessoas no desgaste provocado pelo tempo, registrar os sinais de violência sobre o próprio corpo, são maneiras de driblar o choque que quebraria a representação e ao mesmo tempo são uma confrontação com um repertório seletivo que se destaca da temporalidade morta pelo esquecimento. A significação do álbum de Goldin é uma aposta exibicionista do afeto. Não se trata propriamente do retrato de uma geração de contracultura porque esta já havia se sedimentado antes. Se há alguma mensagem política nessa exibição da intimidade dos amigos aos olhos do grande público, essa mensagem é sobre a "beleza" do pertencimento fora dos padrões classe média e além das noções demarcadas de gênero, raça e família.

Intimidade encenada e flagrada

Ao comentar os auto-retratos que revelam suas feições machucadas após a surra do amante, Goldin explicita que fora espancada porque o amante lera seus diários íntimos. A fotografia constitui-se como seu diário público, já o diário escrito seria o registro daquilo que não pode ser abalizado pelo olho alheio, é um confessionário purgativo. Entretanto, qual seria a diferença, em termos de exposição pessoal, entre mostrar seu rosto desfeito sob porradas, cenas explícitas de sexo, drogas e porres e o registro escrito? A primeira diferença é prosaica e reside no ato consensual de deixar-se fotografar e de ser exposto, o que pressupõe a autorização do uso da imagem por parte do fotografado. A segunda depende da opacidade da imagem e da interpretação da escrita. Há um intervalo explicativo entre aquilo que é visto e aquilo que é interpretado. O rosto de Nan desfeito sugere o desfecho de uma ação ou evento, mas não detalha a repercussão disso no fórum íntimo, as agruras de raiva, ressentimento, ambivalência, impotência e amor-ódio. Os retratos de Brian ao telefone exibindo sorriso com dentes irregulares e enegrecidos, a foto de Brian na cama com cigarro e cara de *gangster*, a foto do casal Nan-Brian em tons dourados, ele, distante, sentado na cama fumando um cigarro, e Nan deitada olhando-o de soslaio e com apreensão, mesmo esses retratos carregados de tinta emotiva não interpretam a subjetividade encenada como um registro de desabafo escrito. De forma semelhante, os escritores de ficção ou de relatos jornalísticos que se apropriam de pessoas reais para compor seus personagens detêm maior poder de vampirização porque deliberam o que está por detrás das aparências, negociam a revelação do invisível através da palavra escrita, penetram no meandro dos pensamentos não explicitados. O flagrante fotográfico pressupõe outra espécie de apropriação. Algo que diz respeito à tangibilidade daquilo está em pauta. Diante do sofrimento alheio, o fotógrafo pode ser acusado de voyeurismo utilitário, pode ser repudiado por tirar a foto em vez de auxiliar a vítima. Mas o que se capta não é a totalização ficcional de uma pessoa, e sim a evidência emocional e material do seu corpo no mundo. Essa evidência pode revelar ou não as dobras da interioridade, a alma do retratado. Este realismo fotográfico que traz à tona o "retorno do morto" na imagem retida do pretérito também organiza o relato do que pode ser dito. Mas nas imagens de Nan, a despeito de alguns retratos revelatórios, há, muitas vezes, a presença de uma intimidade sem interioridade.

Boemia devastada

Assim como na prosa de Gutiérrez, o realismo estético de Goldin é de fácil apreensão. Não há estranhamento vanguardista, imagens oníricas provindas de justaposições imaginativas, nem experiências com formas multimídia que desestabilizam a natureza analógica do ato fotográfico. Nan fotografa para imprimir seu registro de experiência no mundo que deve ser calcado, o máximo possível, naquilo que é encenado para e diante dos seus olhos e que ela escolhe como objeto e sujeito fotográfico. As *drag queens* fotografadas em branco e preto nos primeiros anos de sua atividade fotográfica em Boston nos anos 1970, até as fotografias dos amigos convalescentes de Aids flagrados no final dos anos 1980 são um painel de um viés específico de boemia transgressora. Não é uma vanguarda intelectualizada e experimentalista no sentido das vanguardas históricas dos princípios do século XX, não são retratos "antropológicos" da alteridade etnográfica, não são tampouco imagens da contracultura usual enquanto "retrato de uma geração". Em Gutiérrez, o lúmpen de Havana e a vivência na escassez, prostituição e biscates são simplesmente a saída daqueles que estão fora do sistema. Não há, propriamente, uma escolha deliberativa por um "estilo de vida", mas vidas que se perfilam dentro de repertórios limitados de possibilidades culturais e econômicas. Não são gente autoconsciente de sua excepcionalidade, até mesmo porque não se categorizam como excepcionais, nem como individualidades exacerbadas. Já a tribo de Nan configura-se de outra forma porque nela indivíduos extraídos do âmbito americano tecem uma aposta numa automodelação fora dos padrões da família, religião e moralidade que caracterizam um certo legado do puritanismo americano e do grande aparato do sistema de recompensas do *american way of life*. Evidentemente, essa individualidade também se coaduna em estilos de vida que depois se tornaram parte de nichos de consumo específicos no vasto mercado que tudo absorve. Portanto, é uma boemia que não tem a contundência da rebeldia política das vanguardas anteriores, mas que tangencia o sistema entre o confronto e a absorção.

Para que essa boemia exista faz-se necessário um espaço urbano libertário e cosmopolita, tal como é e foi Nova York. Se há, na comunidade de Nan, tal como explicitado nos seus escritos, nas narrativas da Cookie Mueller e nos depoimentos de amigos, um viés fortemente romântico que enfatiza o libertário, o transgressor e as emoções, esse legado romântico que também potencializa a figura do artista jovem e criativo dialoga com a museificação de suas próprias transgressões nos circuitos alternativos da cidade. Quando Nan exibia seus *slides* do *Ballad of Sexual Dependency* (1986) no início dos anos 1980 no bar do Tin Pan Alley, a cidade de Nova York retinha, todavia, alguns espaços de boemia ainda intocados pela especulação imobiliária. Times Square era um cenário de néons apocalípticos iluminando lixo urbano, o Bowery e o Lower East Side eram áreas de precariedade urbana, sujas, baratas, dilapidadas. Algo diverso da Nova York dos anos 1990, em que estes espaços da boemia alternativa e drogada converteram-se em zonas de alto valor imobiliário recheadas de galerias, lojas, restaurantes, bares, boates. A vida "alternativa" da tribo de Nan – marcada, sobretudo, pela metamorfose sexual da indefinição de gêneros e pelo consumo de drogas – se canonizou em nichos de consumo específicos, onde o que era a transgressão tornou-se um filão de comportamento avaliado pelo preço do ingresso. Se nos anos 1980 o gesto vanguardista experimentalista formal, como aquele ensaiado pelas vanguardas históricas das primeiras décadas do século XX, havia se petrificado em cânone, nos anos 1990 a transgressão *underground* também já havia percorrido seu caminho. As próprias fotografias de Nan adquiriram valor e imensa notoriedade. Seus *snapshots* são agora clássicos da balada da sobrevivência libertária em tempos de controle; são imagens do profano antes de converter-se em mercadoria, retratos autobiográficos de um realismo sem sublimação.

As escritas e imagens do "eu" neste início do século XXI posicionam-se nesta teia de mediações em que a democratização dos desejos e direitos de expressão dos anônimos corre paralela ao desejo de destacar-se da massa amorfa expressa pelo culto das celebridades; em que a validade da experiência é filtrada pela ficcionalização da mesma; em que a maestria artística é, muitas vezes, negligenciada em prol de instantâneos de empatia que envelhecem após sua encenação. Neste *boom* de autorias, as imagens de Goldin e a prosa de Gutiérrez conseguem validar a subjetividade da experiência porque possuem a intensidade artística que supera o meramente confessionário, a tagarelice do personalismo e a banalidade da auto-expressão narcisista. Realizam isso porque apostam na arte como um ofício de constante aprendizagem que potencializa, mesmo nos códigos do realismo, a alquimia da transmutação da vivência em imagem-prosa que supera particularidades efêmeras para fundir-se numa estética de visão de mundo.

Referências bibliográficas

AGAMBEN, Giorgio. *Infancy and History*: essays on the destruction of experience. Londres: Verso, 1993.

ARFUCH, Leonor. *El espacio biográfico*: dilemas de la subjetividad contemporánea, Buenos Aires: Fondo de Cultura Económico, 2002.

CAPOTE, Truman. *A sangue frio*. São Paulo: Cia das Letras, 2003.

GABLER, Neal. *Vida, o filme*. São Paulo: Companhia das Letras, 1999.

GOLDIN, Nan. *I'll be Your Mirror*. Nova York: Whitney Museum of American Art, 1996.

GUTIÉRREZ, Pedro Juan. *Animal tropical*. São Paulo: Companhia das Letras, 2000.

______. *O insaciável homem-aranha*. São Paulo: Companhia das Letras, 2002.

______. *O ninho da serpente*. São Paulo: Companhia das Letras, 2005.

______. *O rei de Havana*. São Paulo: Companhia das Letras, 1999.

______. *Trilogia suja de Havana*. São Paulo: Companhia das Letras, 1998.

LEJEUNE, Phillippe. *Le pacte autobiografique*. Paris: Seuil, 1975.

MITCHELL, Joseph. *O segredo de Joe Gould*. São Paulo: Companhia das Letras, 2003.

SIBILIA, Paula. O show do eu. Projeto de doutorado – Escola de Comunicação, Universidade Federal do Rio de Janeiro, Rio de Janeiro, 2005.

TAYLOR, Charles. *As fontes do self*: a construção da identidade moderna. São Paulo: Loyola, 1997.

Quem está olhando?
Variações do público e do privado em *weblogs*, *fotologs* e *reality shows*

*Fernanda Bruno**

Para que olhar se dirigem as imagens que expõem a vida íntima e cotidiana de indivíduos comuns em *reality shows*, *weblogs* e *fotologs* pessoais? Como compreender esta exposição do que já esteve restrito a esferas privadas, distantes do olho público? O que representa o olhar do outro na cultura contemporânea, para que ele seja tão requisitado? Essas questões já anunciam o que nos interessa explorar neste artigo: o estatuto do olhar do outro e o seu papel na reconfiguração dos limites entre o público e o privado, tendo em vista as práticas de exposição da intimidade nas tecnologias de comunicação. Tal exploração pretende ainda lançar alguma luz sobre a subjetividade que se expressa e se produz nessas práticas.

Sabe-se que as alterações nas fronteiras entre as esferas pública e privada têm sido uma marca da Atualidade e um dos vetores de distanciamento da Modernidade (cf. Habermas, 1984; Sennet, 1988).

* Doutora em Comunicação e Cultura pela Escola de Comunicação da UFRJ. Atualmente é coordenadora da Linha de Pesquisa "Tecnologias da Comunicação e Estética" da Pós-graduação desta Escola e do CiberIdea (Núcleo de Pesquisa em Tecnologia, Cultura e Subjetividade), além de professora do Instituto de Psicologia da mesma Universidade.

As tecnologias de comunicação vêm ocupando um papel decisivo neste processo, a ponto de a mídia de massa ser considerada o próprio espaço público nas sociedades contemporâneas (cf. Bucci & Kehl, 2004). A onipresença dos meios de comunicação de massa como mediação necessária da realidade social, política, econômica, cultural nos habituou a uma forma de existência desta 'realidade' que é intimamente dependente da sua visibilidade midiática. Todos sabemos que aí se pauta o que vem a ser de interesse comum, público. Esta esfera pública midiática já é parte de nosso cotidiano e nos é diariamente entregue em domicílio, penetrando em espaços tradicionalmente privados e afirmando-se como o médium por excelência que conecta o público e o privado. É claro que, como nos mostram diversos autores, esta esfera pública encontra-se cada vez mais privatizada e ordenada segundo as lógicas do consumo e do espetáculo (cf. Debord, 1998; Bucci & Kehl, *op. cit.*). De toda forma, o que se pretende aqui ressaltar e analisar é a emergência recente de uma nova forma de mediação entre o público e o privado, efetuada pelas tecnologias de comunicação, aí incluídas tanto a mídia de massa quanto as novas mídias digitais.

Dos *reality shows* televisivos aos *weblogs* e *fotologs* pessoais, notamos não apenas uma reordenação da esfera pública pelas tecnologias comunicacionais, mas uma crescente penetração da esfera privada na cena pública midiática. E a vida privada aí encenada não é aquela das celebridades, já conhecida do gosto público, mas aquela do indivíduo comum. Este é chamado a ocupar o outro lado da tela, a passar de consumidor de imagens a ator de sua própria vida e de seu próprio cotidiano, naquilo mesmo que ele tem de mais corriqueiro e ordinário. É como se o princípio de visibilidade, que já se sobrepôs ao princípio de realidade no âmbito mais amplo da cena pública, se estendesse às vidas e existências privadas, que passam a requerer a visibilidade como uma espécie de direito ou condição almejada de legitimação e reconhecimento.

Como compreender essa recente instabilização dos limites entre o público e o privado, da qual as tecnologias comunicacionais são ao mesmo tempo os agentes e os sintomas privilegiados? Como interpretar esse crescente interesse pela exposição do que era mantido na esfera do segredo? Um dos principais aspectos desses novos fenômenos de exposição de si é a sua extrema 'demanda' pelo olhar do outro como meio de legitimação desta 'intimidade' que se dá a ver. Diante disso, não se pode deixar de perguntar o que se torna este olhar, do qual outrora a intimidade se furtava e se protegia. A estratégia central deste artigo será, pois, a de buscar nomear o que hoje representaria esse olho 'público', ao mesmo tempo de todos e de ninguém, tendo em vista compreender de que maneira ele se abate sobre a esfera privada, a subjetividade e o cuidado consigo. Tal estratégia partilha de uma perspectiva que supõe estreitas conexões entre o olhar e a formação da subjetividade, conexões historicamente constituídas e que nos mostram como uma série de cuidados que irão delimitar as práticas e regiões íntimas e privadas encontra sua gênese numa extrema atenção e cuidado com o olhar do outro.

No plano sociocultural, podemos traçar a gênese da subjetividade a partir de uma série de cuidados e controles do comportamento, da conduta, do decoro corporal externo, das práticas de limpeza, de saúde e de beleza, que se constituem inicialmente numa forte atenção ao olhar do outro (cf. Elias, 1994; Vigarello, 1996). Este cuidado com o que é imediatamente visível ao outro é um aspecto fundamental tanto na tessitura das relações sociais, das normas, regras de conduta e codificação dos costumes no processo civilizador (cf. Elias, *op. cit.*) quanto na gênese da subjetividade, da interioridade, da intimidade. A hipótese histórica é a de que a atenção e o cuidado com o olhar do outro vão sendo progressivamente interiorizados e constituindo todo um campo de cuidados consigo, de autocontrole, auto-regramento e autovigilância que passam a reger a esfera íntima e privada. Conforme Elias, a propósito dos tratados e preceitos de conduta e civilidade:

> "Embora seja ainda bem visível nos escritos de Courtin e La Salle que os adultos, também, foram inicialmente dissuadidos de comer com os dedos por consideração para com o próximo, por 'polidez', para poupar a outros um espetáculo de-

> sagradável, e a si mesmos a vergonha de serem vistos com as mãos sujas, mais tarde isso se torna cada vez mais um automatismo interior, a marca da sociedade no ser interno, o superego, que proíbe ao indivíduo comer de qualquer maneira que não com o garfo. O padrão social a que o indivíduo fora inicialmente obrigado a se conformar por restrição externa é finalmente reproduzido, mais suavemente ou menos, no seu íntimo através de um autocontrole que opera mesmo contra seus desejos inconscientes" (Elias, *op. cit.*, pp. 134-135).

Essa hipótese também é proposta por Vigarello, que em suas análises sobre a história da limpeza mostra "como são, em primeiro lugar, as superfícies visíveis do corpo e o olhar dos outros que oferecem seu código" (*op. cit.*, p. 249). Numa história que tem seu início na Idade Média, o autor mostra que, neste primeiro momento, "ser limpo é cuidar de uma zona limitada da pele, a que emerge da roupa, a única que se oferece ao olhar" (idem). Mais tarde, o sentido e as práticas de limpeza passam por um progressivo distanciamento do olhar do outro, constituindo uma maior intimidade do corpo e uma "intensificação gradual dos auto-regramentos, 'levando' o asseio físico para além do visível, desenvolvimento de um trabalho de civilização, refinando e diferenciando até as sensações menos explícitas" (idem, p. 250).

No âmbito da constituição psíquica do sujeito, a psicanálise, especialmente Freud e Lacan, ressalta a importância do olhar do outro na constituição e unificação do corpo narcísico do bebê, consolidando um primeiro sentido de 'eu' (cf. Freud, 1980). Lacan (1987) segue esta pista e elabora o conceito de estágio do espelho, segundo o qual o olhar do Outro Primordial origina o eu, concedendo-lhe uma imagem unificada e testemunhando a visibilidade que atesta a sua existência. Na esfera política, Arendt (1958) também vai atrelar a existência à visibilidade: o homem político só existe se se fizer visível ao outro no espaço público como sujeito da ação política.

Uma última referência indispensável concerne às análises de Foucault sobre a Modernidade, as quais mostram como a subjetividade moderna é inseparável dos dispositivos de visibilidade (cf. Foucault, 1983). O poder disciplinar, que encontra o seu modelo ideal no Panóptico, atrela a produção de individualidades e subjetividades a todo um jogo de olhares e de uma "arte obscura da luz e do visível" (idem, p. 154), presentes nos diversos dispositivos e tecnologias, mais ou menos materiais, que constituem o mecanismo disciplinar.

Hoje, a crescente exposição da vida íntima e privada nos diversos meios de comunicação e a forte presença da imagem na relação que os indivíduos estabelecem com o mundo, com o outro e consigo apontam para uma subjetividade radicalmente próxima do olhar do outro e inserida num regime de visibilidade em que as tecnologias de informação e de comunicação têm um papel fundamental. É sempre possível reconhecer aí o ápice de uma cultura regida pelo narcisismo e pelo espetáculo (cf. Bucci & Kehl, *op. cit.*), mas podemos ir além deste diagnóstico ou constatação e interrogar como as relações entre o olhar e a subjetividade são reconfiguradas no âmbito dos novos dispositivos de visibilidade constituídos pelas tecnologias de informação e de comunicação. Este artigo aposta na emergência de formas inéditas nas relações entre subjetividade e visibilidade que não se confundem nem com a arte da aparência das cortes, nem com a tópica psicanalítica da subjetividade, nem com a dimensão política da esfera pública descrita por Arendt, nem com as tecnologias disciplinares analisadas por Foucault.

O que interessa aqui analisar, já antecipamos, são as variações no que o olhar do outro representa, no que ele encarna, exige ou incita, pois vemos aí um interessante caminho para explorar as transformações nos limites entre público e privado, entre o que se mostra e o que se esconde, o que se expõe e o que se mascara. Seguiremos essas variações, contrastando a Atualidade e a Modernidade, na medida em que aí se firmam muitos dos limites que ora se encontram em crise.

Como nomear o olhar público moderno? Um primeiro momento consiste no olhar que encarna os ideais republicanos, exemplarmente representados no sonho de Rousseau:

> "Se eu tivesse escolhido o lugar de meu nascimento, eu teria escolhido um Estado onde todos os particulares se conhecessem entre si, onde nem as manobras obscuras do vício, nem a modéstia da virtude poderiam se furtar aos olhares e ao julgamento do público" (*apud* Starobinsky, 1971).

O olho republicano representa o sonho de uma sociedade transparente, visível e legível, sem zonas obscuras e reguladas pelos privilégios do poder real. Nesta utopia política do olhar, a transparência pública se opõe aos interesses privados, associados a complôs e traições (cf. Perrot *et alii*, 1987). O olho público e a ilusão da vigilância democrática da opinião representavam um modelo de poder que se exerceria pelo simples fato de que as coisas seriam sabidas e vistas por um tipo de olhar imediato, coletivo e anônimo, sem fragmentos de noite (cf. Foucault, 1993). Público contra privado: as Luzes contra "as câmaras escuras onde se fomentam o arbitrário político, os caprichos da monarquia, as superstições religiosas ... as ilusões da ignorância" (idem, p. 216). A transparência do olho republicano implica, portanto, afastar da vida pública os interesses privados ou politizar profundamente a vida privada, realizando o ideal de um novo homem remodelado em sua aparência, sua linguagem e seus sentimentos, o ideal de um sujeito pleno que conjugasse virtude pública e atitude privada (cf. Perrot *et alii*, *op. cit.*).

A transparência do olho republicano dá lugar, nas teorias políticas pós-revolucionárias, a toda uma tematização das relações entre público e privado em que essas esferas ganham contornos mais nítidos. Todo um cuidado em organizar os interesses privados e delimitar fronteiras mais precisas irá definir os espaços público e privado que a Modernidade acabou por consolidar. Tais espaços irão manter relações de tensão e de oposição que espelharão uma série de outras partições tipicamente modernas – o Estado e a sociedade civil, o indivíduo e a ordem social. O olhar do outro assume aqui um outro estatuto e se diferencia do ideal de transparência republicano, ainda que o lirismo de Rousseau se encontre transmutado na obsessão de Bentham (cf. Bentham, 2000; Foucault, 1993). Mas a almejada transparência panóptica, em vez de fazer flutuar as fronteiras entre o público e o privado, vai conviver com o seu acirramento e com a constituição da esfera privada como um domínio legítimo do segredo (cf. Prost, 1987; Corbin, 1991).

O olho público passa a ser associado à interdição e à norma, enquanto a esfera privada afirma-se como um lugar que pode escapar da penetração da ordem pública na vida cotidiana e como refúgio no qual convivem intimidade e liberdade. O olhar do outro assume aqui uma forma superegóica, um olhar que encarna a lei, do qual ninguém se furta plenamente, posto que, segundo o diagrama moderno, não há indivíduo e subjetividade que se constituam fora deste olhar. Mas ao mesmo tempo, é preciso lembrar, exatamente por tudo isso que ele encarna e representa, o olho superegóico é também algo com o qual se entra em conflito. O olho panóptico, ainda que almeje a visão e a transparência totais, convive com uma intimidade e uma subjetividade que guardam regiões de sombra e opacidade (cf. Bruno, 2004).

Exploremos um pouco mais esta designação do olho público moderno como um olho superegóico e seu rebatimento sobre a experiência privada. A designação não é gratuita; ela nos auxilia a compreender tanto as tensões e conflitos entre as esferas pública e privada quanto entre as instâncias psíquicas da subjetividade moderna. Vejamos o que diz a definição psicanalítica de superego:

> "uma das instâncias psíquicas (...) cujo papel é assimilável ao de um juiz ou de um censor relativamente ao ego. Classicamente, o superego é definido como o herdeiro do Complexo de Édipo; constitui-se por interiorização das exigências e das interdições parentais. (...) para o indivíduo, o superego assume o valor de modelo e função de juiz (...) surge principalmente como uma instância que encarna uma lei e proíbe a sua transgressão" (Laplanche, 1999).

Esta definição estende-se facilmente ao olho público, na medida em que a ordem social e a própria civilização irão encontrar a sua condição nesta instância da interdição e da lei que chama à cena a consciência moral e impõe uma renúncia à natureza, aos instintos, pulsões e desejos. Não é por acaso que a culpa é o afeto privilegiado da subjetividade moderna, afeto secretado no conflito entre a cultura e a natureza, entre o coletivo e o individual, entre o superego e o id, entre o público e o privado. O sujeito pleno do ideal republicano dá lugar a um sujeito cindido – do político ao íntimo, a conflitualidade é o núcleo normativo do modo de vida democrático (cf. Ehrenberg, 2000). Não é por acaso também, e enfim chegamos no ponto que mais nos interessa, que a esfera privada, ainda que seja atravessada por este olho superegóico, requisita uma dimensão íntima, secreta e protegida dos olhares públicos. O espaço interior da vida privada vai simultaneamente se individualizando e se complexificando, ganhando 'regiões' ao mesmo tempo mais íntimas e secretas – o leito e o quarto individuais, a *toilette* íntima, o espelho de corpo inteiro presente no quarto ou no banheiro. Tais 'regiões' afirmam-se como os bastidores do teatro social, nos quais o sujeito se prepara para enfrentar o olhar público, ou como refúgio do indivíduo, no qual ele pode se entregar ao monólogo interior, aos prazeres solitários e a uma experiência de si (do seu corpo e de sua alma) ao abrigo de intrusões e olhares alheios.

Não é difícil perceber o quanto essa imagem e essa experiência da vida íntima e privada estão distantes daquelas que vemos nos *reality shows*, *fotologs* e *weblogs*. O que se torna o olhar do outro para que ele se afigure tão atraente e seja tão requisitado? Qual é o seu estatuto e o que ele representa para que a esfera privada seja um lugar de exibição e de exposição? Qual é o papel das tecnologias de comunicação neste processo? Se seguirmos as mesmas pistas utilizadas para pensar o olhar público moderno, podemos dizer que este olhar contemporâneo é regido não mais pelo superego e sim pelo ideal de ego. Para que esta designação faça sentido, é preciso considerar o cenário de individualização da existência e radicalização da responsabilidade por si mesmo nos diversos setores da vida privada e pública contemporânea, a progressiva privatização das trajetórias individuais e o paralelo declínio do encargo coletivo dos destinos individuais, antes atribuído a instituições e atores sociais organizados (cf. Bauman, 1999; Ehrenberg, 1995). No horizonte, a indeterminação, a incerteza e um futuro assustadoramente opaco radicalizam a 'privatização' da existência. O futuro deve ser forjado pelo próprio indivíduo na sua trajetória de auto-realização e muitas vezes deixa de ser um tempo de desejo para tornar-se fonte de ansiedade e obrigação. E se considerarmos o que hoje se entende como a via do sucesso e da realização pessoal, veremos que ela está mais ligada à superação de limites e à alta performance individual do que à aceitação de limites, a interdições superegóicas e à adequação a normas coletivas. Reciclagem, atualização e superação permanentes engajam o indivíduo numa moratória ilimitada em relação aos seus próprios limites. E este ideal de realização é inseparável de um cuidado com a imagem e com o olhar do outro, que é menos da ordem da interdição (que limita ou impede fazer o que se deseja) do que da ordem da performance (que incita estar à altura do seu desejo, do seu ideal). Basta pensarmos na proliferação dos discursos e manuais de *marketing* pessoal, auto-imagem, auto-ajuda e auto-estima: em todos eles, a palavra de ordem é – "primeiro é preciso *parecer* realizado para depois *ser* realizado" ou, ainda, "é preciso *ser visto* como bem-sucedido, para depois *tornar-se* bem-sucedido". Passamos de Édipo a Narciso, da culpa ao medo de não estarmos à altura de nós mesmos, do conflito ao fascínio da imagem. Se considerarmos as personagens que hoje simbolizam e encarnam o que seria o padrão normativo das sociedades e identidades contemporâneas, encontramos menos mulheres medianas (a mãe, a doméstica, rainha do lar e da vida regrada) ou modelos institucionais que se destacavam pela sua adequação à norma (o bom aluno, o bom trabalhador, o bom soldado), do que modelos e atrizes mais que belas e perfeitas, homens de negócio excessivamente ricos e 'inovadores', que vivem enfrentando riscos e desafios, esportistas excepcionais que 'vencem' os limites do próprio corpo. Vemos, pois, imagens do ideal de ego mais que do superego; inclusive, são indivíduos cujo estatuto é inseparável de sua imagem midiática, indivíduos nos quais se confundem a aparência e a essência, a ficção e a realidade, o público e o privado.

É neste contexto e diante deste olhar regido pelo ideal de ego que os meios de comunicação se tornam um lugar privilegiado de exposição da vida privada. Ou, ainda, numa cultura regida pelo ideal de ego, a vida privada se volta para fora, em busca de um olhar que a reconheça e ateste a sua visibilidade. Intimidade e visibilidade se encontram intimamente atreladas e amplamente expandidas. As bordas do visível expandem-se tanto no que concerne ao que é digno de nota e visibilidade – ser visto não é mais privilégio dos seres e feitos extraordinários e estende-se ao mediano e ao comum a todos – quanto ao que é passível de ser exposto a outrem – a intimidade sai dos recantos da vida privada para tornar-se matéria privilegiada de exposição pública. Além disso, e extremamente importante, a visibilidade é tão mais efetiva quanto o seu lugar for a tela (seja de TV, seja de computador, de celulares ou de câmeras). A tela afirma-se aqui como o suporte privilegiado da relação consigo e com o outro.

As tecnologias de comunicação têm uma função central neste processo, pois elas oferecem uma cena pública para as experiências privadas e afirmam-se como instâncias de legitimação social do íntimo. Nota-se aí um novo estado do individualismo, extremamente atrelado à comunicação e à imagem, agora anunciado como "ao alcance" de todos. A presença do homem ordinário e a sua vida privada nos ambientes comunicacionais efetuam um jogo ambíguo que diz bastar existir para ter o direito de ser visto num 'mundo' onde é preciso ser visto para existir. Além disso, as tecnologias comunicacionais realizam uma espécie de 'conversão' da vítima em herói de sua própria vida, do anônimo em célebre, do ego em ideal de ego. Esta conversão é sem dúvida uma das principais promessas dos *reality shows* e talvez ela não possa ser plenamente estendida às práticas de exposição da intimidade na internet. De toda forma, nos dois casos, a passagem à visibilidade confere uma 'existência' à vida privada dos homens banais, cuja 'consistência' reside na exposição ao olhar do outro.

Nota-se aí o quanto a topologia e o regime de visibilidade da subjetividade contemporânea são estranhos a certos referenciais modernos (cf. Bruno, *op. cit.*). As atuais tecnologias de informação e de comunicação são ao mesmo tempo testemunhas e agentes de produção de uma subjetividade exteriorizada, que encontra no olhar, escrutínio ou conhecimento do outro, o domínio privilegiado de cuidados e controle sobre si. Os rostos, corpos e cenas da vida diária retratados ou relatados nos *weblogs* (cf. Sibilia, 2003), *fotologs* e *reality shows* assumem uma expressão prioritariamente superficial, em que toda subjetividade ali investida parece estar exposta. É importante notar que não se trata tanto da exteriorização de uma interioridade constituída, por natureza recôndita, que passa a se expor, mas de uma subjetividade que se constitui prioritariamente na própria exterioridade, no ato mesmo de se projetar e de se fazer visível a outrem. Depoimentos de "*blogueiros*" e estudos sobre a escrita de si na internet mostram como a prática da exposição de si coincide com o processo de constituição do que os indivíduos tomam como seu 'eu' e sua identidade (cf. Lemos, 2002; Recuero, 2003; McNeil, 2003).

Para visualizar o que estamos propondo, basta pensar na experiência estética diante dessas imagens – de modo geral, elas ou nos afastam, nos empurram para 'fora' delas, ou nos mantêm na sua superfície e extremidade; raramente nos convidam a 'entrar', como se não tivessem nada a relevar além do que se encontra exposto, como se não fizessem nenhuma alusão a algo que está sob, atrás ou além. São imagens sem sombra nem segredo, cujo princípio de visibilidade parece estender-se ao máximo. Poderíamos pensar a partir disso que não há nenhuma subjetividade ali, que se trata de vidas e corpos ocos, sem interioridade ou profundidade. No entanto, apostamos na emergência de uma outra modalidade de subjetividade que se configura segundo uma outra topologia, em que a interioridade ou a profundidade, ainda que permaneçam presentes, deixam de ser o foco de investimento, cuidado, controle, assim como deixam de ser a morada mesma da verdade ou do desejo do sujeito. Se a Modernidade produziu uma topologia da subjetividade e do cotidiano que circunscrevia o espaço privado e seus diversos níveis de vida interior – casa, família, intimidade, psiquismo –, a Atualidade inverte esta topologia e volta a subjetividade para o espaço aberto dos meios de comunicação e seus diversos níveis de vida exterior – tela, imagem, interface, interatividade.

Estamos aqui talvez mais próximos das subjetividades 'pré-modernas', cujas marcas de civilidade e sociabilidade residiam na aparência e no imediatamente visível. E fica ainda mais claro porque a cena comunicacional – da TV à internet – torna-se palco da sociabilidade e da produção de subjetividades. Obscenidade, superficialidade e vitória da aparência sobre a realidade e a verdade? Ora, é preciso lembrar que o jogo da aparência é também o jogo do artifício. E neste jogo, a verdade é o que se mostra, pois não reside numa natureza ou numa interioridade prévia e mais autêntica, e sim é produzida no ato mesmo de se mostrar. É certo que mostrar, como nos faz ver a arte barroca, é também uma forma de esconder, mas na superficialidade estética contemporânea o que é deixado para trás ou por trás da imagem, da aparência e do artifício não é mais verdadeiro que o que se mostra.

Assim como as cirurgias plásticas, a cosmética, o silicone e o *fitness* participam da construção artificial do corpo, assim como os psicofármacos assistem artificialmente à saúde psíquica, os *reality shows, weblogs* e *fotologs* apresentam-se como dispositivos de produção artificial do foro íntimo e da identidade. A experiência do corpo e do bem-estar psíquico produzidos artificialmente não pode ser facilmente qualificada de falsa ou inautêntica. Do mesmo modo, não é evidente a afirmação de que a intimidade construída na artificialidade das tecnologias de comunicação seja menos autêntica. Na ordem da aparência e da imagem, as 'coisas' podem muito bem valer pelo que elas não são, seja um corpo, seja uma intimidade. Ou, ainda, o que eles são residem cada vez mais naquilo que eles se tornam e naquilo que deles se dá a ver. E neste mundo em que nossos corpos e almas ganham a plasticidade das imagens, a autenticidade também reside naquilo que se parece ser.

Cabe recuperar aqui a imagem do ideal de ego na definição do estatuto do olhar, da imagem e da aparência na produção contemporânea de subjetividades. E para entendermos melhor a relação entre aparência e artifício neste contexto, é preciso mostrar como a reconfiguração das fronteiras entre público e privado vai de par com a redefinição dos limites entre natureza e cultura (ou artifício). Sabemos bem o quanto vivemos num movimento de aceleração tecnológica que vem transformando tanto a nossa cultura quanto a nossa natureza, numa crescente produção de seres híbridos. Diferentemente da Modernidade, a natureza não é um destino e, no limite, tudo ou quase tudo é artifício. E se tudo é artifício, tudo ou quase tudo é possível. Nem a alma nem o corpo são mais herdados ou fatalmente determinados; eles ingressam no domínio da escolha individual tecnicamente assistida. A beleza, a saúde e o bem-estar psíquico, por exemplo, são anunciados como 'bens' ao alcance de nossa escolha e ação individuais, como atestam a cosmética e a cirurgia plástica, a epidemiologia dos fatores de risco e a medicina genômica, as neurociências e os psicofármacos. A mensagem subliminar é a de que não é belo, saudável ou feliz quem não quer. Ou, ainda, num mundo em que 'tudo é possível', o limite, aquilo que nos constrange ou nos impede de sermos quem desejamos não é algo que se impõe do exterior e se experimenta como uma restrição social, tal como na ordem pública superegóica moderna, mas algo que se aloja no próprio indivíduo e que é experimentado como fracasso ou insuficiência individual. Eis o que se dá numa ordem pública regida pelo ideal de ego: se não realizo o que desejo num mundo em que tudo é possível, a insuficiência é minha, o limite está em mim. E é para este indivíduo que deve estar à altura de seu ideal que se dirigem todos esses produtos de "capitalização" do corpo, da beleza, da saúde, da vida psíquica.

Tais processos e práticas assumem uma forma explícita e extrema nos recentes *reality shows* 'de intervenção' ou 'de transformação' (cf. Feldman, 2004), que pululam na televisão contemporânea. Trata-se de programas nos quais se documentam trajetórias de transformações individuais que vão desde mudanças no vestuário, na decoração da casa e na aparência (cortes de cabelo, lipoaspiração, *liftings* e *peelings*) a implantes de silicone, correções odontológicas e cirurgias plásticas. Estas últimas podem se justificar por padrões estéticos ou de saúde, ou ainda por desejos os mais imaginários, como no caso do polêmico *I want a famous face*, exibido pela MTV, cujo objetivo das cirurgias plásticas realizadas nos participantes é torná-los maximamente semelhantes aos seus ídolos midiáticos. Apesar das diferenças entre os programas, se os tomamos em conjunto notamos a promoção de uma equivalência entre as diversas superfícies em jogo – corpo, pele, decoração, roupa, estilo, tela. A equivalência não é apenas de ordem espacial, mas também temporal – malgrado as suas diferenças materiais e 'de natureza', o corpo, a roupa e a tela gozam de níveis de efemeridade cada vez mais próximos uns dos outros. Os programas 'documentam' trajetórias individuais que se dividem entre o 'antes' e o 'depois', reproduzindo a estética vulgar das revistas femininas e a idéia de que primeiro é preciso parecer algo, para depois ser e agir como tal (Feldman, *op. cit.*).

Se o modelo do *Big Brother* ainda procurava revelar uma intimidade ou personalidade sob a cena testemunhada por uma vigilância idealmente ininterrupta, estes novos formatos parecem assumir que a verdade está mesmo na superfície e que a autenticidade reside na possibilidade de parecer outro. A estranheza e aparente contradição de certos depoimentos, recorrentes, dos participantes destes programas passam a fazer sentido, se vistos sob a ótica do ideal de ego – "Tive a coragem de mudar para ser eu mesmo"; "o meu corpo não correspondia ao meu verdadeiro eu". Ora, se o eu é um ideal, ele está sempre adiante; além disso, ele se efetua no plano da imagem – daí o interesse em filmar e publicar o processo de transformação. Vale lembrar que há não muitos anos as pessoas que se submetiam a cirurgias estéticas procuravam mantê-las em relativo segredo; hoje parece não bastar mudar a aparência ou o corpo, é preciso que esta mudança seja ela mesma convertida em imagem sob o olhar de milhões de espectadores. Eis talvez uma das principais astúcias destes laboratórios da autenticidade. Neste

Nota

1. Considerando os programas exibidos na televisão brasileira, os que acompanham trajetórias de transformações 'leves', como decoração, vestuário, aparência e estilo, incluem, por exemplo, Antes e Depois (*People + Arts*), Missão MTV (MTV), Esquadrão da Moda (*People + Arts*), Minha casa, sua casa (*People + Arts*), *Queer eye for the straight guy* (Sony). Entre aqueles que documentam cirurgias plásticas, correções odontológicas e implantes de silicone, estão Beleza Comprada (GNT), *Extreme Makeover* (Sony) e *I want a famous face* (MTV).

sentido, os *weblogs* e *fotologs* pessoais, assim como os *reality shows*, configuram-se como dispositivos artificiais de produção da intimidade e da subjetividade, o que mostra como certas transformações recentes no estatuto do olhar do outro cruzam e retraçam os limites entre o público e o privado e entre o natural e o artificial.

Referências bibliográficas

ARENDT, Hanah. *A condição humana*. Rio de Janeiro: Forense Universitária, 1999.

BAUMAN, Zygmunt. *Globalização*. Rio de Janeiro: Jorge Zahar, 1999.

BENTHAM, Jeremy. O panóptico ou a casa de inspeção. *In*: SILVA, Tomaz Tadeu (org). *O Panóptico*. Belo Horizonte: Autêntica, 2000.

BRUNO, Fernanda. Máquinas de ver, modos de ser: visibilidade e subjetividade nas novas tecnologias de informação e de comunicação. *Revista Famecos*: mídia, cultura e tecnologia, Porto Alegre, n. 24, pp. 110-124, jul. 2004.

BUCCI, Eugenio; KEHL, Maria Rita. *Videologias*. São Paulo: Boitempo, 2004.

CORBIN, Alain. Bastidores. *In*: PERROT, Michelle (org). *História da vida privada 4*: da Revolução Francesa à Primeira Guerra. São Paulo: Cia das Letras, 1991.

DEBORD, Guy. *A sociedade do espetáculo*. Rio de Janeiro: Contraponto, 1998.

EHRENBERG, Alain. *L'individu incertain*. Paris: Vrin, 1995

______. *La fatigue d'être soi*. Paris: Odile Jacob, 2000.

ELIAS, Norbert. *A sociedade dos indivíduos*. Rio de Janeiro: Jorge Zahar, 1994a.

______. *O processo civilizador*: uma história dos costumes. Rio de Janeiro: Jorge Zahar, 1994b. v.1.

FELDMAN, Ilana "Intervenções 'artísticas'?". Disponível em www.uol.com.br/tropico, 2004.

FOUCAULT, Michel. *Vigiar e punir*. Petrópolis: Vozes, 1983.

______. O olho do poder. *In*: ______. *Microfísica do poder*. Rio de Janeiro: Graal, 1993.

FREUD, Sigmund. Sobre o narcisismo: uma introdução. *In*: *Obras completas*. Rio de Janeiro: Imago, 1980.

HABERMAS, Jürgen. *Mudança estrutural da esfera pública*. Rio de Janeiro: Tempo Brasileiro, 1984.

LACAN, Jacques. *O seminário II*: o eu na teoria de Freud e na técnica da psicanálise. Rio de Janeiro: Jorge Zahar, 1987.

LAPLANCHE, Jean. *Vocabulário de Psicanálise*. São Paulo: Martins Fontes, 1988.

LEMOS, André. A arte da vida: diários pessoais e *webcams* na Internet. *In*: Associação Nacional dos Programas de Pós-graduação em Comunicação, 11, Rio de Janeiro. *Anais Compós*, 2002. CD ROM.

MCNEIL, Laurie. Teaching an old genre new tricks: the diary on the Internet. *In*: *Biography* 26. 1, winter, 2003.

PERROT, Michelle; HUNT, Lynn; HALL, Catherine. Lever le rideau. *In*: ARIÈS, Philippe; DUBY, Georges (orgs.). *Histoire de la vie privée 5*: de la Première Guerre Mondiale à nos jours. Paris: Seuil, 1987.

PROST, Alain. Frontières et espaces du privé. *In*: ARIÈS, Philippe; DUBY, Georges (orgs.) *Histoire de la vie privée 5*: de la Première Guerre Mondiale à nos jours. Paris: Seuil, 1987.

RECUERO, Raquel. Weblogs webrings e comunidades virtuais. *Revista 404 NotFound*. v. 1, n. 31, ago. 2003. Disponível em: <http://www.facom.ufba.br/ciberpesquisa/404nOtF0und/404_31.htm>.

SENNET, Richard. *O declínio do homem público*: as tiranias da intimidade. São Paulo: Companhia das Letras, 1998.

SIBILIA, Paula. Os diários íntimos na Internet e a crise da interioridade psicológica. *In*: Associação Nacional dos Programas de Pós-graduação em Comunicação, 12, Recife. *Anais Compós*, 2003. CD ROM.

STAROBINSKY, Jean. *Jean-Jacques Rousseau*: la transparence et l'obstacle. Paris: Gallimard, 1971.

VIGARELLO, Georges. *O limpo e o sujo*: uma história da higiene corporal. São Paulo: Martins Fontes, 1996.

Imagem: o visível e a escrita

*Rogerio Luz**

Qual a relação da imagem visual com certas escritas, certas grafias, como a fotografia, a grafia da luz? Para responder, faremos uma abordagem muito focada – e, mesmo, limitadíssima – em Merleau-Ponty. Tentaremos articular algumas de suas propostas sobre a imagem com as de Maurice Blanchot. Não pretendemos mais que trazer alguns subsídios às questões levantadas pelas imagens produzidas por meio de diferentes técnicas e que, como produtos da cultura, circulam publicamente.

A inspiração fenomenológica e ontológica encontra em Merleau-Ponty, na tradição do pensamento francês em que Blanchot também se move, uma figura exponencial no que diz respeito ao pensamento de e sobre arte. A prevalência da visão, em ruptura, porém, com a tradição ocidental – seja a que ordena a visão à panorâmica unificante de um conjunto, seja a que é metáfora do conhecimento superior e da contemplação da verdade – serve de contraponto para melhor destacar a contribuição específica de Blanchot, interessado na escrita literária e nas imagens que ela faz aparecer.

* Doutor em Comunicação Social pela Université Catholique de Louvain (Bélgica), poeta e artista plástico. Foi professor da Escola de Comunicação da UFRJ e hoje é pesquisador do N-Imagem (Núcleo de Tecnologia da Imagem) da mesma Escola e pesquisador do CNPq.

Merleau-Ponty: o visível e o vidente

Na perspectiva de uma concepção do ser humano como sujeito situado, Merleau-Ponty (1975b, p.275) sustenta que o exercício do pensamento, na situação da ciência tal como a tradição ocidental a compreende, define-se pelo conhecimento objetivo e operacional. Se a ciência clássica guardava o sentimento da opacidade do mundo, a ciência atual afirma-se como instrumentação construtiva e autônoma. O pensamento operatório torna-se uma espécie de artificialismo absoluto.

Nesta linha, parece correto dizer que a ciência substituiu a questão da verdade por problemas relativos à eficácia da ação – transformadora e mesmo criadora de mundos. Mas este regime de pensamento é incapaz de narrar o ser humano em sua história e levar em conta o que dele sabemos por contato e posição, saber este que deriva de nossa condição de ser situado, para quem o mundo só pode aparecer em perspectiva. Ser humano é estar imerso na anterioridade do 'existe', tal como é para nosso corpo o mundo sensível e o mundo transformado por nossa presença, manifestados a partir de uma identidade corporal. Este corpo não é o corpo possível, do qual é lícito sustentar que é uma máquina de informação, mas, sim, um corpo atual que digo *meu*, a sentinela que se posta silenciosamente sob minhas palavras e sob meus atos (idem).

A historicidade primordial vem acompanhada de uma alteridade primeira: juntos a meu corpo, os outros corpos, que a ele se associam – comunidade de diferentes –, fazem-no sob a forma do confronto e do assédio, sob um comum acesso a um Ser atual.

A arte se enraíza no solo primordial do que existe, e por isso ela se coloca aquém da ativa eficácia da ciência moderna. A pintura e a música, modalidades da imagem visual e sonora, permitem mais claramente ao olhar e à escuta escaparem do dever de julgar, próprio ao pensamento crítico e filosófico. Diante do artista, as palavras de ordem do conhecimento e da ação esmorecem. O trabalho da arte, isento de responsabilidade comum e de resultados concretos, remete à questão mais geral do pensamento. A arte detém o enigma de um saber procurado em outra dimensão, mais distante ou mais fundamental.

O corpo, concretamente implicado no *existe*, não é parte de um espaço mensurável nem é um feixe de funções orgânicas. Conjunto sensório e motor que implica tato e contato, o corpo é um entrelaçado de visão e movimento. Qual a relação entre esses dois pólos? Em especial, como a visão opera para um corpo situado?

Segundo o autor, movimento-me para atingir o que vejo, e só vejo aquilo para o qual olho, isto é, para o qual dirijo a intenção de um olhar. A visão precede um movimento que não é nem cego nem 'reflexo'. Os deslocamentos do corpo situado são traduzidos em visibilidades: projetos motores e mundo visível são dimensões de um mesmo Ser. A visão não é prévia operação do pensamento como apropriação do mundo. Por seu turno, o movimento não é decisão do espírito, mas iniciativa do corpo: visão como movimento espontâneo de um *em si*.

A vida perceptiva do meu corpo realiza a abertura primeira para o mundo e está pressuposta em toda noção de objeto: é ela quem sustenta e garante as relações intramundanas ou intersubjetivas entre meu corpo e as coisas exteriores (Merleau-Ponty, 1992, p. 46).

Supera-se dessa forma o primado da consciência reflexiva, que constitui e torna artificial o mundo e nossa presença nele. Este é o privilégio que enganosamente atribui a si próprio o pensamento formulado no horizonte de uma compreensão – mesmo que apenas virtual ou ideal – da realidade pelo conhecimento objetivo, capaz de superar as limitações de sua inserção corporal. Mas o pensamento se enraíza nessa situação concreta de mútuo pertencimento de sujeito e mundo. Ligação pré-lógica, que se debruça sobre o mundo, não para dominá-lo por uma significação imposta e preestabelecida, mas para escutar seu silêncio e o que nele se diz. O pensamento é, então, aventura, risco, sem garantia de verdade, envolto nas contradições que são o impulso mesmo de seu devir. Para o autor, a metafísica racionalista está fascinada pelo dogmatismo: quando este começa, põe fim à tarefa filosófica, porque nos impede de compreender nossa própria obscuridade.

Qual o enigma da visão, por oposição ao esclarecimento que nos traz o pensamento reflexivo? Meu corpo é simultaneamente vidente e visível, um si mesmo corporal, situado no espaço e no tempo. É um si mesmo não por transparência, como o pensamento que só pensa algo assimilando-o, constituindo-o, transformando-o em pensamento – mas um si mesmo por confusão, por narcisismo, por inerência daquele que vê naquilo que ele vê, daquele que toca naquilo que ele toca, do senciente (isto é, daquele que tem e pode ter sensações) naquilo que é sentido – um si mesmo, portanto, tomado entre as coisas, que tem uma face e um dorso, um passado e um futuro... (idem, pp. 278-279).

Na arte, melhor se manifesta essa outra visão da visão. A solidariedade de meu corpo com as coisas faz com que a visão se faça nas próprias coisas. A visibilidade que as coisas manifestam, sua evidência para mim, reforça-se em meu corpo por uma visibilidade secreta, uma visibilidade segunda que reaparece na arte. Para o pintor, a acolhida de uma presença suscita um traçado, em que a coisa repete sua aparição. Não se trata de atribuir ao desenho, que traça a evidência primeira da coisa, a natureza de uma 'sombra', como enganoso simulacro. A vidência, que se irradia da matéria, enraíza-se naquele traço acolhedor. Mas o quadro não é uma coisa: mais do que 'ver um quadro', vejo segundo ele, vejo com ele, a partir dele ou em sua posição. O que ele suscita é uma direção de olhar, rumo ao que não está presente — este o segredo, na arte, da coisa vista e da visão, do visível e do vidente.

O visível a nossa volta parece repousar em si mesmo. É como se a visão se formasse em seu âmago ou como se houvesse entre ele e nós uma familiaridade tão estreita como a do mar e da praia. No entanto, não é possível nos fundirmos nele, nem pode ele penetrar em nós, pois então a visão desapareceria com o desaparecimento da relação do vidente e do visível.

> "Não há, portanto, coisas idênticas a si mesmas, que, em seguida, se oferecem a quem vê; não há um vidente, primeiramente vazio, que em seguida se abre para elas, mas sim algo de que não poderíamos aproximar-nos mais a não ser apalpando-o com o olhar, coisas que não poderíamos sonhar ver inteiramente nuas, porquanto o próprio olhar as envolve e as veste com sua carne" (idem, p. 128).

Em seu comentário à obra de Merleau-Ponty, Tito Marques Palmeiro (1993) afirma que perceber implica um corpo, que é visível e não apenas vidente puro. Não há síntese entre esses dois momentos – não me percebo enquanto percebo. Esta não coincidência entre os dois momentos – perceber e ser percebido – é insuperável. A totalidade está presente – como falta – em toda percepção.

Diz Marilena Chauí que o invisível, para o filósofo francês, é aquilo pelo qual ou através do qual as coisas se fazem visíveis – sempre como aspectos ou perfis. O invisível da visibilidade não é a terceira dimensão, a perspectiva renascentista: é a própria condição da visibilidade. As coisas aparecem sobre o fundo indeterminado do mundo, elas recortam-se sobre esse fundo. O invisível é uma ausência que conta, o estofo do visível: é o invisível que sustenta a segregação e a diferenciação. O corpo é um sensível que sente sentir que sente. Somos parte do mundo e esse parentesco é o que faz ver.

No exemplo do espelho, que retomaremos adiante, eu apareço refletido porque sou vidente / visível, em um movimento de duplicação – dobra interna e desdobramento ou abertura rumo à alteridade. Duplo movimento em que se inaugura a passagem como duração do que *insiste em si mesmo* e, ao mesmo tempo, *existe com os outros*. Esta duplicidade do sentir torna possíveis o interior do exterior e o exterior do interior, sem os quais nunca se compreenderá a quase visibilidade, a presença iminente que constitui todo o problema do imaginário (Merleau-Ponty, 1975b, p.280)[1].

Merleau-Ponty pensa a dimensão sensória da visão em sua relação com a motricidade. A visão, imagem do imaginário, implica relações de distância a serem ou não percorridas: proximidade e lonjura. O imaginário está muito mais perto e muito mais longe daquilo que é atual. Muito mais perto, visto ser o diagrama da sua vida em meu corpo, a sua polpa ou o seu avesso carnal que são expostos pela primeira vez aos olhares e porque, nesse sentido, a visão ordinária é cega: na arte da

[1] Cf. também Chauí (1998, p. 31-36) e Chauí (1994, pp. 467-492).

pintura, um olhar faz advir um mundo mais real do que o real, potência segunda, mas primordial, de visibilidade (idem). Muito mais longe, uma vez que uma pintura não oferece ao espírito ocasião de repensar as relações constitutivas das coisas, mas oferece ao olhar, para que este os espose, os vestígios da visão do interior, e à visão aquilo que a atapeta interiormente, a textura imaginária do real (idem).

Os olhos, por sua atividade móbil, têm o dom do visível: a pretensa fixidez contemplativa do olhar cabe bem aos mortos. Na pintura e no desenho, um aspecto do mundo, um perfil de impacto vem comover o olho e é isso que a mão, por seus traçados, restitui ao visível. A pintura, em toda a sua variedade histórica e cultural, celebra o enigma – universal concreto – da visibilidade. Ela desperta e eleva à última potência um delírio que é a própria visão, já que ver é possuir *a distância* e que a pintura estende essa bizarra posse a todos os aspectos do Ser, que de alguma maneira devem fazer-se visíveis para entrar nela (idem, p. 281).

A pintura não reproduz o objeto percebido pelo sentido da visão, mas chama o invisível à existência visível, segundo o conhecido dito de Paul Klee, para quem a pintura "torna visível", isto é, nos faz ver o visível. Pode-se dizer que a suspensão da visão instrumental do mundo faz aparecer o visível como visível na arte.

As coisas aparecem no elemento do visível não porque tenhamos corrigido, por uma operação consciente, reflexiva ou epistêmica, erros de nossos sentidos. Elas acedem à visibilidade porque se tornam videntes. Para Cézanne, o pintor interroga a coisa que se mostra como existente. Pergunta daquele que não sabe a uma visão que tudo sabe, que se faz em nós: gênese secreta e febril das coisas em nosso corpo, que supõe, em Merleau-Ponty, uma unidade ontológica e não uma fratura entre ver e pensar, embora ocultada pela razão operativa, dominante em nossa cultura técnica. Paul Klee refere-se a coisas que olham para ele e que lhe falam. O pintor faz retornar à luz aquilo que dela germina e por isso a visão do pintor é um nascimento continuado.

Pode-se acompanhar o texto de Merleau-Ponty no exame de um tema central da visão e da imagem, a que acima aludimos: o tema do espelho. Na pintura holandesa clássica, os espelhos refletem um interior vazio. O olhar do espelho, para Merleau-Ponty, é pré-humano e figura o próprio olhar do pintor. Na imagem especular, duplo da coisa, a pintura se faz trabalho de visão que traz o visível a uma visibilidade anterior à percepção profana. Claro que o espelho é um objeto técnico, integrado à cultura. Mas, para o autor, ele só pode surgir nessa abertura que vai do corpo vidente ao corpo visível. Toda técnica é 'técnica do corpo'. Ela figura e amplia a estrutura ontológica da nossa carne. O espelho aparece porque eu sou vidente-visível, porque há uma reflexividade do sensível, que ele traduz e reduplica (idem, p. 282).

O espelho resume o paradoxo de uma exterioridade máxima em uma superfície refletora que recolhe e retira, expondo-o, o que há em mim de mais secreto. Certos indivíduos não gostam de se deixar fotografar: temem, talvez, uma improvável ausência de máscara que deixasse a nu o que nenhuma visão pode suportar e que, portanto, justamente se expõe como invisível.

Essa invisibilidade, que é arrancada de mim pelo espelho, passa a investir todos os corpos visíveis. O espelho transforma a coisa e seu espetáculo, eu e o outro, em mútuas e múltiplas metamorfoses de perfis transitórios. Quando o pintor pinta a si próprio no ato de pintar atesta a existência de uma visão desterrada de toda situação. Para Cézanne, trata-se do instante atemporal do mundo, que perdura e volta a ser lançado até nós e a que damos vida, que toma vida em nós, na experiência imaginária a que a arte nos conduz.

Em resumo, Merleau-Ponty procura descrever as qualidades da experiência corporal e de suas estruturas por meio de uma linguagem que não é a da ciência. Operações ocultas, obscuras, do pensamento geram configurações que se dão por meio da carne e não por meio do exercício categorial do entendimento, que reconstruiria sob forma de modelo o enigma do visível. Por isso, a visão aparece em Merleau-Ponty como absoluto imanente, imaginário anterior ao discurso, imagem cósmica, no entanto veiculada pelo ser humano como ser de experiência, de linguagem e de história. O autor supera, dessa forma, a questão da representação objetiva ou subjetiva do mundo, que tanto atravancou um novo pensamento da imagem e do imaginário. Para Merleau-Ponty, a visão é a metamorfose das próprias coisas em visão – visibilidade e também vidência –, o pertencimento das coisas ao mesmo tempo ao mundo e ao sujeito. As chamadas qualidades secundárias, como, por exemplo, a cor, promovem uma abertura às coisas sem conceito: o murmúrio indeciso das cores nos *apresenta* coisas. Para o filósofo, a superposição que oculta e torna virtual a visibilidade das coisas integra-se à manifestação visível no mundo. Ser ou não ser visto são atributos das coisas, de seu tornar-se presente, e não deficiências da sensibilidade ou características da representação que a razão se faz delas.

A *perspectiva artificialis* do Renascimento, que organizou o dispositivo da câmara fotográfica, não é uma representação objetiva das coisas no espaço, mas uma das modalidades possíveis do ver. Não se trata de atingir a representação verdadeira do mundo: toda deformação – que define o próprio espaço plástico que as coisas *são* (e não um espaço neutro que as conteria) – aponta para nosso modo de 'estar vendo' no mundo, e concomitante de o mundo se 'dar a ver'. Tais modalidades de ver são históricas e narram a história da visão como processo de ocultação e desvelamento. Para Merleau-Ponty, o pensamento que a arte produz situa-se de imediato no tempo e no espaço, porque se efetua no elemento do sensível e do imaginário. Ele é anterior, portanto, ao pensamento racional e proposicional, anterior mesmo à linguagem articulada, a qual torna possível a generalização. Diz ele: as coisas fogem para uma distância que nenhum pensamento transpõe. Algo no espaço escapa às nossas tentativas de sobrevôo (idem, p. 288).

A opacidade do pensamento da visão, encarnado em um corpo, é experimentada no contato consigo mesmo e com o mundo: experiência irredutível à generalização, experiência que, justamente por situar-se além de nossas possibilidades, força a pensar, é o pensamento em confronto com a profundidade abissal de sua impossibilidade, de que a ciência moderna o afasta por ter perdido o sentido da obscuridade.

Na arte, a visão retoma seu poder fundamental de mostrar mais do que a si mesma. A pintura faz falarem o espaço e a luz que aí estão, ela capta o olhar da árvore, da montanha, da paisagem. A arte não é apreciação ou julgamento do mundo: ela se manifesta como pensamento no instante em que sua visão se torna gesto, quando, dirá Cézanne, ele "pensa com a pintura".

O humanismo da presença, em Merleau-Ponty, entra em relação com o pré-humano e o inumano: o ser abismal é destituição de toda subjetividade, mesmo corporal, de toda presença a si mesmo e da co-presença dos corpos. A carne, agora liberada de sua situação, retorna a uma temporalidade anterior à técnica e a um espaço anterior ao horizonte do mundo empírico.

A pintura moderna, ao se eximir da reprodução fiel do objeto, do ilusionismo – e da ilusão de uma reduplicação infalível – põe em xeque o pensamento clássico da representação. Neste sentido, ela é um evento histórico, de significação ontológica: a pintura surge como *acontecimento* aberto às interpretações, logo, estofo da própria vida do pensamento. A obra excede causalidades e filiações, a que se afeiçoa uma crítica de arte reduzida à história da arte. Ao abrir um campo de interpretações, a obra torna possível sua própria metamorfose e se torna suas diferentes faces, tornando-se com isso ela própria, no infindável processo da história que ela é e que nela se perfaz.

Se Merleau-Ponty parte, no âmbito da visão natural do ente em situação, de uma presença que testemunha o advento figural do ser, nele a conexão reversível entre ver e pensar dá-se como síntese aberta, provisória e precária sobre um fundo de invisibilidade e de indizibilidade. O ser que advém à expressão é tarefa do ser humano: movimento do gesto do pintor, visão do visível. Visão que é uma forma de linguagem. Como admite em seu artigo intitulado "A linguagem indireta e as vozes do silêncio", existe uma linguagem tácita na pintura e também no romance, e a pintura fala a seu modo (Merleau-Ponty, 1975a, pp. 331-365).

A lógica da pintura é redemoinho, palavra silenciosa ou abortada. Ora, a filosofia e a ciência devem reconhecer o aquém, o fundamental a que a pintura remete, esta região povoada de seres espessos, abertos e dilacerados. Ela finca sua origem no caos, no informe, no indeterminado das forças e produz uma outra temporalidade, uma outra história: a arte não se pode narrar em linha de continuidade, progressiva e cumulativa, como disciplina técnica, no interior da evolução de uma dada cultura. Diz Merleau-Ponty:

> "Esta historicidade surda que avança, no labirinto, por desvios, transgressão, usurpação e pressões súbitas, não significa que o pintor não saiba o que quer, mas sim que o que ele quer está aquém das metas e dos meios, e comanda do alto toda a nossa atividade *útil*" (Merleau-Ponty, 1975b, p. 300).

Não se trata de desqualificar a razão: sua mais alta potência é a de reconhecer esse redemoinho, esse caminhar em círculo, no labirinto daquilo que nunca é completamente, cuja procura de origem e destino é interminável. Somente um falso imaginário exige uma positividade total e totalizante. Ora, se não é possível falar, no domínio da pintura, e da arte em geral, de progresso, é porque, segundo as palavras do autor, a primeira das pinturas vai até o fundo do porvir.

Além disso, cada obra-de-arte cria de antemão todas as outras, e cada criação não é posse ou consumo, mas um movimento que vai de um aquém fundamental, um solo de existir, rumo à indeterminação de uma abertura.

Em Merleau-Ponty, como na tradição fenomenológica da verdade da arte, a obra ganha consistência de ser, insiste em si mesma, é uma modalidade do *ex-iste*: abre-se, expõe-se e produz uma vida, anterior e adiante, que fissura o tempo presente, justifica-o e dinamiza-o.

Imagem, palavra, pensamento: que trama pode captar suas derivas? Assim como a imagem tem parentesco com o invisível, a palavra não pode ser entendida sem silêncio. No posfácio ao livro de Merleau-Ponty, diz-nos Claude Lefort a propósito da palavra no pensamento do autor:

> "(ela) existe entre dois silêncios: dá expressão a uma palavra muda, ignorante de seu próprio sentido, mas só para fazê-la aparecer em sua pureza, só rompe nosso contato com as coisas, só nos tira do estado de confusão em que nos achamos com as coisas todas para nos despertar para a verdade de sua

> presença, para tornar sensíveis seu relevo e nosso traço de união com elas. (...) Mas se ela, que nasce do silêncio, pode procurar seu acabamento no silêncio e fazer com que esse silêncio não seja o seu contrário, é que entre a experiência e a linguagem há, por princípio, comércio; é que a experiência não é coisa com que se possa coincidir, coisa que contenha uma transcendência, já é em si própria diferenciação, articulação, estruturação, e, de algum modo, evoca a linguagem; é que também a linguagem é experiência e que existe, como Merleau-Ponty escreveu tão bem, um ser da linguagem no qual se repete o enigma do ser, que, para além do movimento das puras significações, se perfila a massa silenciosa do discurso, aquilo que não é da ordem do dizível, e que a mais alta virtude da expressão é desvendar esta passagem contínua da palavra ao ser e do ser à palavra ou essa dupla abertura de um para o outro" (*apud* Merleau-Ponty, 1992, pp. 263-264).

E Lefort conclui:

> "Porque aquele que vai até o fim da interrogação só pode descobrir e fazer-nos descobrir a contingência da palavra. É o mesmo, para ele, afrontar a região obscura onde nascem os pensamentos e aquela região onde estão destinados a desfazer-se. E é o mesmo para nós ler, por todo o lado, os sinais de sua presença e sentir sua ausência iminente. A interrogação verdadeira é intimidade com a morte e não nos espantemos que o filósofo, que raramente a nomeia, tenha, contudo, em seu último escrito, força tão grande a ponto de fazer-nos atentar para ela" (idem, p. 267).

Blanchot: a imagem e a palavra

Também Maurice Blanchot ajuda a compreender, em muitos de seus textos, a imagem de arte no seu fascínio e na sua precariedade. Para Blanchot, o correlato da imagem de arte não é a coisa, vista ou mentalizada, a que se deveria recorrer para atestar o engodo ou a veracidade da narrativa de imaginação – imagem percebida, imagem delirante. O correlato da imagem é a morte, a infinita repetição do que não é (Blanchot, 1987, pp. 253-265).

O exemplo de um filme, ele próprio firmado na literatura, pode ajudar a compreender o que pretende dizer o pensador francês com essas palavras enigmáticas. Quando se vê a morte de Auschenbach, em *Morte em Veneza* (escrito por Thomas Mann e mais uma vez escrito por Lucchino Visconti), o que interessa não é apenas a morte do professor, prevista pelo enredo, e sua encenação, mas a negatividade da miragem, agora esbatida, que o perdeu: a do jovem frente às águas empestadas, num último gesto, até a imobilidade, acompanhada, no enquadramento distante, por uma câmara abandonada, dessas de um fotógrafo de praia que tivesse desistido de olhar e caçar imagens de turistas. Quando o filme termina, o filme recomeça, não morre com o protagonista: é desta outra morte que se fala, do retorno da arte inscrita na carne precária da imagem, que desaparece e ressurge, e que ressurge como desaparecimento.

Não se está pensando aqui, longe disso, na permanência idealizada da obra-de-arte como produto histórico e cultural, mas de um componente interno da imagem, tal como foi trabalhado pela modernidade. Se o correlato da imagem é a morte – imagem, como que irrealizada, da sombra e do duplo especular, e por isso mesmo mais potente e inquietante – é porque a imagem tende para a extinção que ela, de certa forma, traz não à presença de quem a observa, mas à ausência deste.

A imagem não solicita apenas, por sua presença, a ausência da coisa ou do mundo. Há na arte da alta modernidade ocidental a exigência de uma ausência mais radical: a do sujeito, autor ou leitor. Correlativamente, a obra perde seu estatuto de objeto – que ela não deixa de ser como produto cultural ou mercadoria para o consumo.

A investigação sobre a imagem no campo da experiência de arte não será apenas variação e modulação da experiência perceptiva do mundo. Perde-se a imagem quando se tenta explicá-la como relação de analogia (comparação proporcional, a partir de semelhanças e de diferenças) com algum tipo de realidade que não é a imagem – seja esta realidade o objeto representado, o sujeito da expressão ou o significado expresso no interior de algum sistema de linguagem. O modelo da visão não basta para explicá-la.

Como diz Pál Pelbart,

> "Blanchot está questionando a história do conhecimento, calcada na metáfora do olhar e da luminosidade. Tenta mostrar como essa tradição do conhecimento como olhar nos tem levado às figuras da vista de *conjunto*, panorâmica da *continuidade*, *presença*, traços que marcaram não só a forma, mas também o *campo* do pensamento" (Pelbart, 1989, p. 96).

Segundo a metáfora visual, revelar supõe que algo se mostra, algo que antes não se tenha mostrado. Blanchot introduz uma outra noção de imagem, apartada do olhar. Nos sonhos, temos essa imagem. A imagem é o que revela *re-velando*, velando outra vez. Ela não é o duplo do objeto, mas o desdobramento inicial que permite que a coisa apareça. Anterior à coisa, a imagem não é também a verdade ou a essência da coisa, mas o que permite à coisa ganhar uma configuração, aparecer, bem como desaparecer.

Existem, para Blanchot, duas possibilidades da imagem, duas versões do imaginário: "Essa duplicidade provém do duplo sentido original que traz consigo a potência do negativo, e do fato de que a morte é ora o trabalho da verdade no mundo, ora a perpetuidade do que não suporta começo nem fim" (Blanchot, *op. cit.*, pp. 262-263).

A imagem primeira, a natureza mais originária da imagem, não mantém relação com a luz ou com os significados. A imagem subtrai sentido, mantendo o objeto na imobilidade de uma semelhança com nada, ou consigo mesmo. Já a imagem em sua segunda possibilidade serve à verdade do mundo, porque vem depois do objeto e guarda algo do desaparecido. A vida prática exige esta inversão da natureza primeira da imagem.

A propósito, Blanchot faz uma interessante reflexão sobre a arte clássica: para ele, esta procurou reinscrever a imagem no mundo. Trata-se de um ideal que nega a natureza e a eleva a um sentido superior, para que ela seja cognoscível e admirável, sob o regime da visão e da luz. O projeto da razão científica quanto à imagem continua sendo, nesse sentido, um projeto clássico.

A imagem em sua primeira versão é anterior à coisa: tal anterioridade permite o movimento em que a coisa aparece e desaparece. O devir da coisa, assim entendido, é interminável – surgimento e declínio são constitutivos do ser e, neles mesmos, indicam finitude e infinitude, o imperecível no perecível. A morte de uma coisa não é a sua clausura definitiva, o fechamento que lhe doasse enfim um simulacro de permanência definitiva, ou de definitivo e total desaparecimento, como no ideal clássico. No regime clássico, a arte é ideal e verdadeira, fiel à figura e fiel ao que é sem figura. A impessoalidade da arte clássica é doação de verdade à obra.

Pode-se, porém, descobrir um logro no regime clássico de imagem: a impessoalidade era o lugar de encontro entre o ideal e o anônimo, no qual eles se davam um pelo outro. Não admiramos os originais, mas admiramos a semelhança que as cópias guardam com esses originais... Pascal desconfiava dessa semelhança, que provoca admiração, para entregar as coisas à soberania do vazio – "eternidade que é nada, nada que é eternidade", suspensão do tempo na admiração *daquilo que não é.*

A arte moderna demanda compreensão em outro horizonte de imagem. Ela expõe uma nova relação entre a operação de arte e a imagem que ela opera. Uma nova relação com a potência de desfiguração, um novo pensamento do semelhante e do dessemelhante, alheio à beleza entendida como idealidade, capaz de "enriquecer" ou de "corrigir" o mundo, ou então de desqualificá-lo nostalgicamente.

Para Blanchot, o surgimento de um sentido se dá a partir de uma origem informe. Ao descer aos lugares inferiores, Orfeu tem a missão de trazer Eurídice à luz, desde que não transgrida a interdição do olhar. Ao voltar-se para a bem-amada, ao virar-se para o que é fascinante, ele a perde. Para Blanchot, esse perder-se diz mais da natureza da arte do que o necessário retornar a que ela se vê obrigada para aparecer no mundo. O erro de Orfeu produz o canto errante do poeta.

Por isso, Blanchot completa o gesto de surgimento ou emergência de sentido com o gesto de ocultação e desaparecimento. Este devir é o que impede a obra de se fechar, de se enclausurar, de se concluir, seja num ideal, seja na sua própria abolição. O movimento interminável em direção à extinção e ao surgimento descreveria mais agudamente o que se dá e o que se subtrai na arte moderna. O artista não é apenas aquele que se arrisca a imergir no poço dos espaços e dos tempos possíveis, para dali surgir à superfície com uma atualização ou uma realização da forma na matéria das sensações. A obra do artista é, antes, aquilo que não se realiza, o constante devir entre o limite e o ilimitado, cujo impulso vem da impossibilidade mesma da obra.

As duas versões do imaginário descrevem assim a oscilação da imagem: a imagem serve ora à compreensão e à certeza, e é verdade intramundana, ora ao horror da impossibilidade, ao errar interminável.

Que acontece quando vivemos um evento *em imagem? Em imagem* não significa 'secundariamente', 'com distanciamento', 'com desinteresse', o que seria próprio do ideal estético clássico. Também na relação utilitária com as coisas mantemos distância com a finalidade de melhor dispormos delas. A região da imagem é aquela da distância que é profundidade não viva, lonjura inapreciável, que se torna a derradeira potência das coisas, potência esta que nos aprisiona. A imagem não nos distancia das coisas – como se fosse uma fantasia gratuita –, mas entrega-nos a nós mesmos. Que intimidade é esta, este assemelhar-se a si próprio? "Íntima é a imagem, porque ela faz de nossa intimidade uma potência exterior a que nos submetemos passivamente: fora de nós, no recuo do mundo que ela provoca, situa-se (...) a profundidade de nossas paixões" (idem, p. 263).

A imagem será, então, a paixão de um lugar sem fundo, uma inatingível intimidade de nós mesmos ou das coisas, na distância percorrida num átimo, num instante fora do tempo. A imagem é pensada por Blanchot como aquilo que sofremos passivamente, paixão sem ato ou iniciativa – logo, em sua relação com o sujeito, isto é, com aquilo que subjaz, o subjacente, o jacente, sombra que se estira, não ao lado e depois da coisa, como se um sol a produzisse de cima e de fora, mas *sob* cada coisa, porque a imagem coincide com a inconsistência do existente, sem ser sua essência ou verdade mais profunda.

Uma vez que a imagem é êxtase, ela é estática. Nesse êxtase, estamos fora de nós: o real entra em região onde não existe limite, nem intervalo, nem momentos. É a região do ilimitado e do contínuo. Na imagem, vivemos a ilusão da reconciliação entre a coisa e a consciência: cada coisa, absorvida na consciência de seu reflexo, aproxima-se da consciência que se deixou invadir por uma plenitude anônima. O homem se abandona ao 'todo' e a alma (aquilo que é ato, que anima) se apassiva, porque obedece ao fascínio dos encantos da imagem.

O que é então viver um evento *em imagem*? Será produzir uma imagem do evento ou relacionar-se com ele de maneira fantasiosa? O evento em imagem acontece, mas não é verdadeiro: ele foge do domínio da verdade e do erro. O que acontece em imagem nos despoja, mantém-nos de fora, faz desse fora, dessa exterioridade, uma presença em que o Eu não se reconhece, porque o evento solicita uma intimidade anônima. Num pequeno relato de Kafka – *O retorno* – a volta ao familiar resume-se ao estranhamento de uma espera interminável diante da porta fechada, onde o eu não tem guarida, mas permanece na inclemência do exterior.

Voltemos às duas possibilidades da imagem. No entendimento corrente, a imagem ajuda a recuperar idealmente a coisa, é uma negação vivificante, um enriquecimento do mundo pela *redução* da imagem, a intervenção de uma idealidade resumida, um ícone, um signo, que metamorfoseia e inventa um mundo que era opaco, prolixo e indiferente.

Mas a imagem pode também nos devolver, por meio da arte, não mais à coisa ausente, mas à ausência como presença, isto é, ao duplo neutro em que não há mais *pertencimento ao mundo*, mas que nos desloca para um aquém do mundo, para *qualquer lugar anterior* ao mundo.

Essas duas versões do imaginário sofreriam de uma ambigüidade que precisa ser superada? Não para Blanchot: elas remetem a um duplo sentido irredutível, sempre mais inicial. A imagem, em suas duas vertentes, remete aos começos.

A simples ambigüidade é possibilidade de entendimento do mundo: um sentido remete a outro e o mal-entendido está a serviço da compreensão. Para o entendimento, a verdade é sempre procurada, parcialmente encontrada e adiada – estamos no interior do movimento de cognição. Mas o que fala em nome da imagem ora fala do mundo, ora, pelo contrário, nos absorve na indeterminação do fascínio. Daí decorrem as duas possibilidades da imagem e do imaginário: por um lado, o imaginário nos possibilita dispor das coisas em sua ausência, é uma ficção que mantém a riqueza do sentido. Por outro lado, o imaginário é também aquilo que nos faz resvalar para onde as coisas estão presentes em imagem, existem apenas neste distanciamento e nesta ausência. Este momento é o da passividade, da paixão pela indiferença.

A ambigüidade da imagem diz, com certeza, a presença de uma ausência, como uma antiga foto de família: nisto, a imagem se aproxima do símbolo. A imagem, porém, se aproxima também do que não é nem pode ser simbolizável, isto é, do indiferenciado, do indeterminado, do informe, em última instância, da desaparição e da morte. Aqui, o sentido não escapa mais para um outro sentido, mas para *o outro de todos os sentidos*. Por essa ambigüidade, que o entendimento não resolve, nada tem sentido, mas tudo parece ter infinitamente sentido (idem, p. 265).

Decorrem daí dois tipos de invisível ou de invisibilidade; um primeiro é a maneira de se deixar ver, isto é, a condição do visível, na medida em que é sua outra face, só possível para um corpo lançado no mundo, no horizonte do vidente e do visível.

Existe, porém, um outro modo: a invisibilidade que se distancia e se desvia de todo visível e de todo invisível – e se faz presente na noite, como dor e como espera. Enquanto o erro e a digressão supõem um tronco central de verdade, em relação ao qual se pode medir sua maior ou menor distância, a espera é o espaço do desvio sem digressão, da errância sem erro e, logo, sem verdade.

Vamos a dois exemplos. Em Delfos, a palavra sagrada escapa à necessidade de mostrar, porque escapa à necessidade de esconder. Tudo está dito em enigma, em desvio em relação ao sentido, evidente ou secreto. A palavra fala em virtude uma diferença que não é aquela que existe entre dizer e calar. Ela diz sem dizer, cala sem calar: ela é antes um aceno, um gesto de despedida e de chamamento. É também uma volta: lá vivem os enigmas que se falam por trás de toda linguagem que se fala.

Um outro exemplo: o pintor surrealista René Magritte, a fim de expor esse desvio e essa diferença, estabelece uma divergência entre a coisa figurada e o que se diz da coisa, para criar um espaço outro, um lugar de onde a pintura nos acena.

Blanchot fará da imagem um exame que subverte o entendimento comum, pelo qual a imagem é aquele duplo, representação em figura, que viria depois da coisa, cópia – esbatida ou, ao contrário, mais simples e mais brilhante – a cujo fascínio precisaríamos renunciar para estabelecer nossa relação de verdade com o mundo. Para Blanchot, a imagem convoca uma outra verdade, da ilusão e do sonho, do reino das sombras e do indeterminado, sobre o qual se recorta aquilo que aparece. E como aparece? Aparece sob a modalidade de *imagem da imagem.* Esta será, porém, anterior à "imagem para outro", "imagem para o olhar do outro", que funda a intersubjetividade e o espaço de comunidade e de partilha; neste caso, a ênfase é dada – como vimos em Merleau-Ponty – ao solo comum de intersubjetividade, que fundamenta todo trabalho de tematização da consciência, do qual a reflexão deve partir e em relação ao qual não poderíamos ir além, a não ser se cedermos ao engano metafísico.

Para Blanchot, contudo, esse além – não mais uma transcendência – talvez seja a nossa mais secreta e iluminadora ferida (como na expressão de Jean Genet sobre o impacto que lhe causam as esculturas de Giacometti), sinalizada pela solitude essencial. Um além que é esse 'centro sem nada', esse infinito em nós – que nos lança no tempo e, por isso, na contingência e na finitude – a que Blanchot chama de a outra noite, o obscuro, a morte interminável, o negativo, o neutro, o de fora (*le dehors*).

O que o artista busca não é produzir uma imagem segunda, que decorra de outra coisa, seja lá como entendamos isso: uma coisa real, objetiva e independente de nós, o sentimento do artista ou do espectador que a imagem expressaria, as propriedades ainda implícitas de um material ou de uma linguagem.

A imagem, segundo a análise comum, está depois do objeto: ela é a sua continuação; vemos, depois imaginamos. Depois do objeto viria a imagem. 'Depois' significa que cumpre, em primeiro lugar, que a coisa se distancie para se deixar recapturar.

Ora, esse distanciamento não é a simples mudança de lugar de um móvel que continuaria, entretanto, sendo o mesmo. O distanciamento aqui está no âmago da coisa. A coisa estava aí, nós a apreenderíamos no movimento vivo de uma ação compreensiva. Tornada imagem, ei-la instantaneamente convertida ao inapreensível, ao inatual, ao impassível. Não se trata da mesma coisa distanciada, mas da coisa como distanciamento, da coisa presente enquanto ausência, "apreensível porque inapreensível, aparecendo na qualidade de desaparecida, o retorno do que não volta, o coração estranho do longínquo como vida e coração único da coisa" (idem, p. 257).

Esse movimento remete-nos, portanto, a uma espacialidade de outra ordem que a da experiência comum. Algo assim como o espaço nos romances de Lewis Carroll, ao estirar e contrair a palavra literária, como uma imagem sem repouso, cuja forma sofre toda a sorte de distorções.

Na perspectiva de Blanchot, o artista solicitaria o que está por trás da coisa, sua substância perecível, sua sombra que se funde à matéria mutável do mundo. Nem fazer surgir, nem fazer desaparecer, como duas operações complementares ou dialeticamente contraditórias, mas fazer surgir e fazer desaparecer como devir, movimento de tensão entre dois contrários ao mesmo tempo inconciliáveis e inseparáveis.

> "A imagem, presente atrás de cada coisa e sua substância na dissolução, também tem, atrás dela, o pesado sono do trespasse, no qual nos viriam os sonhos. Ela pode, quando desperta ou quando a despertamos, representar-nos o objeto numa luminosa auréola formal; é com o fundo que ela se combina, com a materialidade elementar,

> a ausência ainda indeterminada de forma (...), antes de mergulhar na prolixidade informe da indeterminação" (idem, p. 256).

Que direção indica essa substância de imagem, de que é feita a coisa? O que acontece quando o que está em jogo é a figura humana – e é ela sempre que está em jogo nessa relação à imagem?

O homem não é feito à semelhança da divindade que, esta sim, garantiu a consistência da figura humana, no entanto evanescente, o humilde nada em que se reconhecia o homem diante dos poderes eternos. Pelo contrário, o homem é feito à sua própria imagem: é o que nos ensina a estranheza da semelhança cadavérica. A fórmula deve ser entendida primeiramente desta maneira: o homem é desfeito segundo sua imagem. A imagem nada tem a ver com a significação, tal como a existência do mundo, o esforço da verdade, a lei e a claridade implicam. A imagem de um objeto não somente não é o sentido desse objeto e não ajuda à sua compreensão, como tende a subtrair dele o sentido e a compreensão, na medida em que o mantém na imobilidade de uma semelhança que nada tem com o que se assemelhar (idem, p. 262).

Na atualidade, o homem se assemelha a si mesmo – e esse é um longo caminho que está em germe no Ocidente desde o humanismo renascentista. Que significa assemelhar-se a si mesmo? Assemelhar-se a nada, ser dessemelhança, não ter semelhança ou parecença a não ser com nada, com coisa alguma: solitude essencial, ferida da solidão.

Encontramos em Blanchot o moderno pressuposto trágico, que se opõe à premissa iluminista e racionalista. A relevância do estético na formação da subjetividade ocidental, a partir da metade do século XVIII, não é estranha a essa mudança de perspectiva. O terreno do sensível e do corporal, que a burguesia ascendente procura ocupar com novas práticas e novos discursos, é movediço: como erguer e sustentar ali o edifício da forma? O gesto poético passa a ser entendido como a criação da forma no sensível e através do sensível, reunindo idealmente liberdade e lei, singularidade e universalidade. Com isso, os aspectos formativos da obra enquanto tais ganham especial relevância. Sem transcendência, a composição é a garantia única da consistência da obra como coisa. Ao mesmo tempo, aquele gesto poético inscreve no espaço e no tempo imagens puras, as quais se tornam, como vimos, não representantes da coisa ausente, presente desta maneira em sua representação, mas a coisa em sua ausência mesma.

A semelhança da imagem com alguma outra coisa será minada pouco a pouco. A imagem se assemelha a algo? Sim, ela é semelhança, mas não aquela semelhança que vem depois da coisa e que a inteligência deve corrigir, para que, por meio de um exame atento, possa produzir um excedente de conhecimento. Para Blanchot, a imagem, na arte, começa a se assemelhar a nada: o conhecimento que ali se produz é de natureza trágica, porque implica o movimento de afirmação da vida sobre um fundo de irrecusável obscuridade e arbítrio. É a partir do negativo – indeterminado e indiferenciado –, incapaz de fornecer um fundamento sólido, que algo pode emergir, aparecer, manifestar-se. O artista trata desse aparecimento inaugural, o mais próximo da matéria informe, origem sem origem assinalável, surgimento incompreensível. O que se esconde por trás desse aparecimento não é sua verdade, mas é ainda imagem. No trajeto que se dá contra a cultura – gesto secreto de desvio do mundo já instituído –, o artista trágico arrisca a vida, desprende-se do mundo quotidiano da vida, que lhe é, no entanto, indispensável para que ele exista como ser para os outros. Solidão e partilha entram aí em relação de tensão paradoxal, sem conciliação ou síntese possíveis.

O que é a imagem na arte? A imagem de arte será atestação do que é, representação mimética da coisa, seja ela o corpo, o rosto do outro, a comunidade humana? Ou ela é também linguagem, ou melhor, uma escrita submetida à "falta de rosto", à fugidia presença que, nas inscrições pré-históricas da gruta de Lascaux, já assinalava que era com ela que a arte e o ser humano começavam, sempre recomeçando, em um tempo que não é progressivo nem linear?

A imagem suspende o valor e o significado do objeto. Na imagem, o objeto retorna àquilo contra o qual se erigiu: o elementar passa a reivindicá-lo. Não há riqueza mística ou pobreza ilusória e alienada nesse movimento. A imagem foi vista como retrato enfraquecido do objeto ou, ao contrário, como sua figura mais espiritual, diáfana e brilhante. E a tarefa crítica seria a de denunciar o engodo da imagem ou, ao contrário, desencarnar os seres para aproximá-los dessa idealidade resumida e perfeita.

A tais alternativas, Blanchot prefere comparar a imagem ao despojo, aos restos mortais, a esse resíduo ou vestígio de nada, que nos atrai, próximo da maneira de ser de um utensílio danificado: agora inútil, o objeto se torna imagem, sua própria imagem – é um 'objeto estético'. Não desaparecendo no seu uso, que o ultrapassa, que o remete a uma função no mundo, a coisa danificada então *aparece*. Essa aparição aparente é a da semelhança ou do reflexo: seu duplo. A arte está ligada a essa possibilidade de aparição, isto é, de se abandonar à pura semelhança por trás da qual nada existe. Existe a imagem de coisa alguma que o objeto *é* em sua essência de desaparição. Só aparece o que se entregou à imagem, e tudo o que aparece é, neste sentido, imaginário (idem, p. 260).

A imagem faz as coisas aparecerem não para uma percepção sempre situada e intencional em um mundo intersubjetivo, mas em sua própria invisibilidade, no intervalo não comunicante entre cada coisa e ela própria, vale dizer, naquilo que ela não é, seu *negativo*.

Toda imagem inscrita afeta virtualmente uma superfície e modifica o espaço de seu suporte: entorta esse lugar, remete-o para fora de si próprio, submete-o a potências externas. A imagem inscrita impõe ao lugar uma alteridade que lhe é ao mesmo tempo inerente – lonjura excessiva, excesso de proximidade –, sem a qual ele não poderia ser lugar, isto é, sem a abertura do não-lugar que ele próprio contém.

Em Blanchot, aquela concepção trágica da arte, colocada entre limite e limitado, imagem de desaparição e tarefa de expressar, procura remeter a uma finitude extratemporal e extraterritorial, propriamente interminável porque não se define por uma finalidade qualquer, seja ela a de representar, de expressar ou de significar. Nisso, ele difere de Merleau-Ponty, para quem é preciso desconfiar da tagarelice do pensamento, que ignora o solo comum onde deve assentar-se a comunidade humana intersubjetiva e sempre em processo, em sua finitude histórica.

Conclusão

Deve-se reconhecer que o discurso da fenomenologia talvez seja aquele que leva mais longe uma reflexão sobre a condição essencialmente visível da pintura. É também, por sua vez, a pintura que melhor lhe oferece o espetáculo do retorno ao enigma do ver, da percepção e do fenômeno ou, como diz Merleau-Ponty, que melhor nos faz "ver o que é ver". A verticalidade expositiva da pintura parece oferecer à fenomenologia o próprio modelo daquilo que se mostra, daquilo que é da ordem do aparecer; ao mesmo tempo em que o caráter enigmático da sua superfície parece de fato impor uma suspensão dos discursos e uma distinção radical entre pintura e símbolo.

Segundo Anne Timbert (1996), em seu artigo intitulado *Quiasma e disjunção. A proximidade em Merleau-Ponty e em Blanchot*, há um corte entre os dois pensadores, a partir de Heidegger, quanto ao estatuto da imagem visual, ao fascínio que esta provoca e à sua relação de primazia ou de dependência frente à palavra.

Para Merleau-Ponty, existe o mistério de uma profundeza habitada a que as coisas remetem como à sua fonte. Para Blanchot, as coisas se arruínam, se abismam ou vêm se enrijecer no "movimento imóvel" de uma profundeza abandonada, desertificada e sem afeto. O invisível torna-se o nebuloso, o silêncio torna-se rumor ou indistinto murmúrio. Para Merleau-Ponty, efetiva-se de modo excelente na arte a reversibilidade da experiência e da linguagem, essa proximidade entre o sujeito e o mundo, sua co-presença. Em Blanchot, a experiência da linguagem completa-se na não-relação disjuntiva entre a coisa e seu duplo, sem a mediação de um situar-se que os englobe e os reconcilie no território comum do ser. Mais íntimo que toda interioridade, o negativo – que nos traz ou nos obriga à imagem e à palavra – é também lonjura, distância mais distante que toda exterioridade. O mundo não é o campo, a terra e suas florestas, onde a linguagem ergue morada, conciliando história e natureza, tecnologia e ontologia. O mundo é lugar de exílio. O ser humano, erro e errante no deserto, se faz e se desfaz no nomadismo e no despovoamento (cf. Timbert, *op. cit.*, pp. 175-185).

A imagem na arte não seria, em sua variante mais decisiva, nem ecológica – restauradora de sistemas locais de equilíbrio –, nem comunitária, ao promover a comunidade global e universal dos seres humanos. Ela é imagem trágica, articulada ao destino contingente e finito de cada um, imagem que dá *um passo atrás* diante daquilo que é proposto e constituído pela cultura. Mas esse passo atrás é também um passo para fora das convenções aceitas, rumo a uma poética oposta a todo desenvolvimento retórico-político. É neste deslocar-se, recuo ou retirada, que a arte dá a ver, em sua própria invisibilidade, o que para nós é invisível: o que não vemos e o que não podemos ver.

Referências bibliográficas

BLANCHOT, Maurice. Anexos: I. A solidão essencial e a solidão no mundo e II. As duas versões do imaginário. *In*: ______. *O espaço literário*. Rio de Janeiro: Rocco, 1987, pp. 253-265.

CHAUÍ, Marilena. Janela da alma, espelho do mundo. *In*: NOVAES, Adauto *et al*. *O Olhar*. São Paulo: Companhia das Letras, 1998, pp. 31-36.

______. *Merleau-Ponty*: obra de arte e filosofia. *In*: NOVAES, Adauto (org.) *Artepensamento*. São Paulo: Companhia das Letras, 1994, pp. 467-492.

MERLEAU-PONTY, Maurice. A linguagem indireta e as vozes do silêncio. *In*: *Os Pensadores*. v.XLI, São Paulo: Abril, 1975a, pp. 331-365.

______. O Olho e o espírito. *In*: *Os Pensadores*. v. XLI. São Paulo: Abril, 1975b.

______. *O visível e o invisível*. São Paulo: Perspectiva, 1992.

PALMEIRO, Tito. Pensamento e mundo em Kant e Merleau-Ponty. Tese (mestrado). Pontifícia Universidade Católica do Rio de Janeiro, Rio de Janeiro, 1993.

PELBART, Peter Pál. *Da clausura do fora ao fora da clausura*: loucura e desrazão. São Paulo: Brasiliense, 1989.

TIMBERT, Anne. Chiasme et disjonction: la proximité chez Merleau-Ponty et Blanchot. *Revue d'Esthétique*, n.28, 1996, pp. 175-185.

A fotografia documental no limiar da experiência moderna

*Mauricio Lissovsky**

O surgimento da fotografia moderna vincula-se, de modo indissociável, à tecnologia do instantâneo e à cultura da instantaneidade. Os *aspectos* do instantâneo fotográfico foram criativa e exaustivamente explorados pelos fotógrafos modernos. Ao analisá-los, o historiador da arte pode observar como constitui-se o vasto repertório de estilos da fotografia documental do século XX e suas respectivas "marcas" de autoria. O pesquisador dos fenômenos da comunicação, por sua vez, pode dar-se conta dos fundamentos de sua linguagem, apreender aquilo que torna possível à fotografia suscitar um sentido, desde a simples legenda que ela acolhe docilmente, ao discurso de referência que legitima.

Em estudos anteriores sobre a tipologia do instantâneo fotográfico, procurei ressaltar os seus *aspectos* clássicos. Considerei, sobretudo, o movimento pelo qual o fotógrafo faz da *expectação* do instante o âmago de sua experiência – instante cujo advento a espera do fotógrafo vinha configurar. Para fotógrafos como Sebastião Salgado, por exemplo, a *expectação* do instante é uma construção capaz de nos revelar

* Historiador e doutor pela Escola de Comunicação da UFRJ, onde atualmente é professor do Programa de Pós-graduação em Comunicação e Cultura. Escreveu livros e ensaios sobre História e Teoria da Fotografia, Cinema e Arquitetura.

intenção, tendências e processos. Para Diane Arbus, ao contrário, é uma demolição que instiga a irrupção de qualidades e intensidades. Se um dos pioneiros da fotografia documental moderna, o alemão August Sander, percebia a espera que precede o clique como uma decantação capaz de trazer à tona a essência e a posição relativa dos tipos sociais, Cartier-Bresson fez do ato de esperar um modo de favorecer a emergência espontânea do instante, e o que disso decorre é a forma fortuita assumida pela singular coincidência entre uma relação social e "sua" geometria (Lissovsky, 1999). O que há de comum entre esses quatro representantes do instantâneo clássico é que, para todos eles, o instante que advém é este que se *a-presenta*. Seus modos de *expectação* são orientados para o presente, confluem para o presente. É a partir disto que a imagem presentifica (seu sentido como intenção, qualidade, posição ou forma) que um discurso acerca do que a fotografia mostra pode vir a ser legitimamente formulado.

Para muitos fotógrafos modernos, no entanto, o presente, como território de atualização do instantâneo fotográfico, foi motivo de inquietação. As obras discutidas a seguir estão marcadas por essa busca de 'despresentificação' da fotografia, tendo explorado modos distintos de não-coincidência entre fotógrafo e instante. Foram agrupadas em pares, conforme o quadro abaixo. O primeiro par reúne trabalhos documentais dos anos 1930: Walker Evans (e a equipe da FSA) e Bill Brandt; o segundo evoca Robert Frank e William Klein, que despontaram na década de 1950. A primeira coluna indica como o fotógrafo se posiciona, em termos de *expectação*, em relação à 'presentidade' do instante. A segunda associa a cada um destes posicionamentos, o modo como o instante advém, aquilo que caracteriza o seu *devir*, o seu processo de configuração. A terceira coluna indica os *aspectos* que a fotografia assim realizada vai dominantemente exibir.

Modalidades de inquietação do instante na fotografia documental moderna

	EXPECTAÇÃO	DEVIR	ASPECTO
FSA	Pôr-se depois	Compromisso	Apelo
Brandt	pôr-se antes	Repetição	Hábito
	Ruptura com o eixo sensório-motor		
Frank	Pôr-se fora	Evacuação	Inconsistência
Klein	pôr-se dentro	Contágio	Transe

Partimos de uma imagem famosa, a *Mãe migrante*, de Dorothea Lange (Ver Caderno de Fotos). Ela é parte do acervo da FSA, uma agência criada pela administração Roosevelt com o objetivo de contribuir para a recuperação da economia rural e dos agricultores norte-americanos, cujas vidas foram arrasadas por anos de depressão econômica. A 'mãe migrante' é um desses trabalhadores volantes que prestavam serviços temporários no campo, enquanto empreendiam uma longa jornada para Oeste, em busca de melhores condições de vida na região frutífera da Califórnia. A fotógrafa nos conta que, viajando de volta para casa, exausta, passou por um grupo desses trabalhadores:

> "Eu vi e me aproximei da mãe faminta e desesperada, como se atraída por um imã. Não me lembro como expliquei a minha presença ou a da câmera para ela mas eu me lembro que ela não fez perguntas. Fiz cinco exposições, trabalhando cada vez mais perto, sempre na mesma direção. Não perguntei seu nome nem sua história..." (*apud* Clarke, 1997, p. 151).

Lange aproximou-se, uma caminhada de cerca de 15 metros, foi tirando suas fotos. Finalmente encontram-se as duas mulheres. Poder-se-ia supor até uma certa fraternidade entre elas. Lange costumava dizer que "todo retrato de outra pessoa era um 'auto-retrato'" (*apud* Sontang, 1981, p. 118). Qual a natureza deste encontro? Qual a correspondência que aí se estabelece? Em suas notas de campo, Lange descreve muito bem sua circunstância: "Ela pensou que minhas fotos poderiam ajudá-la, então ela me ajudou" (*apud* Rossler, 1993, p. 315).

Cerca de vinte passos, uma sessão de fotos que pode não ter durado mais de dez minutos, mas circunstâncias e tempo suficientes para que um compromisso tivesse lugar, para que a espera do instante tomasse a forma da **promessa**, e o aspecto se configurasse como um **apelo**. O que aí se inscreve no instante, como em muitas imagens da FSA, inquietando-o, é o futuro. Este futuro que, como sugeriu Nietzsche, só poderia ter sido fundado na 'faculdade de prometer'. É a promessa que constitui na fotografia um "segundo olhar", atributo que Dorothea Lange declarava perseguir e que supunha transformar uma fotografia em algo duradouro (*apud* Maynard, 1997, p. 30).

O estatuto deste "segundo olhar" tem sido a fonte, não explicitada, das revisões críticas da fotografia produzida pela FSA nas últimas duas décadas. A desconstrução destas imagens como paradigma do procedimento documentário costuma ressaltar a manipulação ideológica a que foram submetidas, como faz, por exemplo, Solomon-Godeau, ao nos informar que "quando os personagens sorriam para a câmera, eles eram orientados para assumir posturas mais sóbrias; meeiros que vestiam suas melhores roupas para ser fotografados, eram instruídos a usar suas vestes de trabalho diárias, e persuadidos a não lavar as mãos e o rosto" (1997, p. 179). Susan Sontag, igualmente, ressalta que os membros da FSA

> "costumavam tomar dezenas de fotografias frontais de alguns meeiros que posavam para eles até estarem seguros que haviam logrado captar, em filme, o aspecto desejado – a expressão exata do rosto que corroborasse suas próprias noções de pobreza, luz, dignidade, textura, exploração e geometria" (Sontag, *op. cit.*, p.7).

Ambas as autoras assinalam que a *mise-en-scène* estabelecida entre os fotógrafos e seus personagens visa um terceiro, visa um outro olhar que é preciso fazer-se presente na cena como aquele ao qual estas imagens se dirigem: "Um espetáculo pictural que geralmente visava um público diferente e uma classe diferente" (Solomon-Godeau, *op. cit.*, p. 178). Sontag é ainda mais precisa:

> "O objetivo do projeto era demonstrar o valor das pessoas fotografadas. Desse modo, o projeto definiu imediatamente seu ponto de vista: as pessoas de classe média precisavam ser convencidas de que os pobres eram pobres realmente, e eram pessoas dignas" (Sontag, *op. cit.*, p. 62).

A finalidade da Seção de Fotografia da FSA era angariar respaldo na opinião pública para os programas de apoio à população pobre do campo. Não é de admirar que, com tal objetivo, as fotografias produzidas por ela tenham convergido para uma solução que, ao contrário de ser paradigmática do documentário tradicional (registrar, testemunhar, etc.), viesse a fazer da inscrição de uma sinalização para o futuro seu aspecto mais significativo. Mas é possível ser ainda mais preciso a este respeito, pois este olhar futuro, este 'segundo olhar' tinha nome e sobrenome. Chamava-se Roy Stryker, o chefe da Seção. O historiador da fotografia John Tagg descreve, com clareza, a importância de Striker na conformação da "visão de mundo" do projeto:

> "Era Stryker o primeiro a ver as folhas de contato. Era ele também quem categorizava, arquivava e selecionava o trabalho que os fotógrafos enviavam, e diz-se que ele 'matou', furando buracos nos negativos, de cem mil a 270 mil fotografias, tiradas a um custo de quase um milhão de dólares nos oito anos de existência do Departamento. A 'visão de mundo' global do arquivo da FSA era, portanto, de Stryker" (Tagg, 1982, p. 126).

As imagens trazidas pela equipe de fotógrafos até à mesa do chefe da Seção, portanto, não estavam apenas imbuídas de uma ideologia que procurava inscrever nelas a simpatia das classes médias e a confiança no futuro da sociedade americana, confiança que correspondia ao próprio espírito do *New Deal*, descrito por Stryker como "um sentimento de que as coisas estavam sendo consertadas, os grandes erros estavam sendo corrigidos, que não haveria problemas tão grandes que resistissem à aplicação do bom senso e do trabalho duro" (*apud* Tagg, *op. cit.*, p. 139). O apelo, como sinalização do futuro, deveria atingir primeiro o próprio Stryker, representante e árbitro supremo do "segundo olhar".

Corte rápido para cemitério na Pensilvânia, fotografado, em 1935, por Walker Evans (Ver Caderno de Fotos), o membro da equipe que mais atritos teve com o "chefe". A imagem nos indica um percurso, da siderúrgica escura ao fundo à cruz branca em primeiríssimo plano. O avanço da cruz em nossa direção é reforçado pela cruz menor ao fundo, a meio caminho dos edifícios, pelas duas lápides dispostas entre elas. Stryker conta que após a divulgação desta imagem, uma senhora foi até o seu escritório em busca de uma cópia da fotografia. Interrogada sobre para que a queria, respondeu que era para dá-la a seu irmão, um executivo da indústria do aço, com os seguintes dizeres: "*Seus* cemitérios, *suas* ruas, *seus* edifícios, *suas* siderúrgicas. Mas *nossas* almas, maldito!" (idem, p. 126). Esta mulher sabia exatamente o que estava à *sua* espera nesta fotografia.

No pólo oposto à FSA, em termos de expectação, está o trabalho documental do fotógrafo Bill Brandt, nascido na Alemanha, mas residindo na Inglaterra desde 1931. A espera de Brandt não visa a produção de um instante singular, nem a inscrição, no presente, de um compromisso que funda o futuro. É antes como antecipação, ou melhor, como pressentimento que o futuro se imiscui no presente. E o faz, apenas, porque o passado ainda é atual, como retenção daquilo que outrora foi futuro e já se fez presente uma vez. Passado e futuro aproximam-se, não por uma sinalização recíproca, por uma correspondência, mas em virtude de sua semelhança. O que é isto que nos faz "supor o passado semelhante ao futuro"? Essa, afinal, foi a pergunta que se fez Hume em sua *Investigação sobre o entendimento humano*, redigida em 1748. E a resposta não podia ser mais "britânica": "Esse princípio é o costume ou o hábito" (1980, pp. 150-151).

A expectação que encontra seu fundamento no hábito não exige um "pôr-se depois" do instante (colocar-se no tempo futuro fundado pelo compromisso), mas um "pôr-se antes" no qual o devir do instante só pode dar-se como repetição do já visto. Observe-se *Mineiro fazendo sua refeição* (Ver Caderno de Fotos): aqui o passado das vestes de trabalho imundas penetra o presente do jantar doméstico diante da esposa. No modo de inquietar o instante praticado por Bill Brandt, o que interessa é a duplicação – a configuração do instante como um duplo de si mesmo pela via da **repetição**. Esta fotografia remete a uma expectação que tem lugar numa circularidade do tempo: a ressonância do passado e a antecipação do futuro assinalam aqui a repetição dos acontecimentos, sua inscrição em um ciclo. Advindo por repetição, o caráter duplo do instante-hábito é necessariamente o resultado de uma "contração", de uma "fusão" como a que fazemos entre o tique e o taque de um relógio (Deleuze, 1988, pp. 132-133). O aspecto instantâneo que devém por repetição é uma marca do álbum documental *The english at home*, publicado por Bill Brandt em 1936. Livro que expressa, com ironia inglesa, a dupla face da rotina britânica (Clarke, *op. cit.*, p. 111).

Nas fotografias do FSA e de Bill Brandt, o devir do instante, ainda que inquietado pelo futuro e pelo passado, ainda é "demasiadamente" atual. O apelo e a repetição são aspectos todavia "demasiadamente" presentes. Pertencem àquilo que Rodowick chamou de desdobramento de "linhas contigentes do presente": "presente do presente", nos aspectos clássicos de atualização do instante, "presente do futuro", na forma do apelo, nos fotógrafos da FSA, "presente do passado", no aspecto contraído pelo hábito, em Bill Brandt[1]. Nos fotógrafos que focalizaremos a seguir – Robert Frank e William Klein – essa inquietude transborda: é a própria atualização do instante que se torna problemática. O tipo de *expectação* em que se envolvem implica uma ruptura com o vínculo sensório-motor através do qual o instante devém. Ruptura que desloca a espera, fazendo com que ela deixe de ser apenas o intervalo entre percepção e ação que nós familiarmente chamamos de *hesitação*.

[1] Sobre as "linhas contigentes do presente", ver Rodowick (1997, p. 101 e ss).

Na obra de Robert Frank, os instantes tornam-se átonos, refletindo sua busca por imagens que não comportassem palavras ou explicações. Mais de uma vez ele declarou ter a sensação de que a fotografia que realmente deveria ser feita era a que estava às suas costas. Susan Sontag reconhece no modo como Robert Frank "espera" a tentativa de "surpreender a realidade desprevenida" (*op. cit.*, pp. 116-117). Este modo de esperar não supõe, simplesmente, a "ausência essencial do real" – como afirma a autora –, mas a convicção de que seria possível fotografar "outros" instantes, que não mais se ofereciam como tais: **não-instantes**. A aposta fundamental de Frank é flagrar – instantaneamente – a continuidade das coisas e formas, ali onde o instante inconsiste.

Jean-Claude Lemagny observa que as imagens de Frank nos apresentam um "mundo antes do pensamento e do significado"[2], ou, dito de outro modo, um mundo "em que existem tantos significados diferentes possíveis que não há vantagem alguma em escolher um ou outro". As fotografias abrir-se-iam a todas as interpretações, "inclusive a de não terem significado algum" (Lemagny, 1987, pp. 193-194). Para Susan Sontag, a intenção de Frank era "elaborar um autêntico documento contemporâneo", cujo "impacto deveria ser tal que anulasse qualquer explicação" (*op. cit.*, p. 107).

Freqüentemente associado à geração *beat* – Jack Kerouac escreveu o texto que acompanha *Les Américains,* seu livro de estréia –, Frank encarava a fotografia como uma 'viagem solitária'. Sua "visão" dos americanos pareceu a princípio tão escandalosa, que o livro não encontrou um editor nos Estados Unidos, tendo sido lançado primeiro em Paris. Mas além de atentar contra o imaginário do *american-way-of-life* e a tradição realista da cultura norte-americana (Frank é contemporâneo do *boom* abstracionista naquele país), suas imagens pareciam conter um mistério que intrigava críticos e fotógrafos, pois seus instan-

[2] Robert Frank. Parada, Hoboken, Nova Jersey, 1958. Ver em: http// www.usc.edu/schools/annenberg/asc/projects/comm544/library/images/ 525.html.

tes átonos e a-significantes não eram, necessariamente, aleatórios. Não eram instantes quaisquer. Eles exigiam uma ruptura com o vínculo sensório-motor que serve de fundamento para a produção dos aspectos clássicos. A apreciação de suas imagens feita por Arnaud Claass sublinha esta característica: "Um olhar lento... uma fascinação fatigada... uma visão que só pode ir ao encontro do frenético ritmo moderno por meio de um reflexo lento e vagamente letárgico" (*apud* Lemagny, *op. cit.*, p. 193).

O rompimento com a vinculação sensório-motora do instante – a letargia sugerida por Claass –, não pode ser logrado apenas contemplativamente. Implica ainda um certo movimento no âmbito da espera. A alteridade do instante – o não-instante – supõe um "pôr-se fora" do próprio fotógrafo. É exatamente essa a sensação que suas imagens provocam no fotógrafo Denis Roche: é como se, diante de cada uma, "você pensasse que ele [Frank] estava dentro dela e veio para fora só para tirá-la" (*apud* idem, p. 193).

O drible do instante, que pela via sensório-motora insiste em apresentar-se, nos coloca diante do vazio do não-instante, este que devém por **evacuação**, por um esvaziamento. Das imagens de Robert Frank poder-se-ia dizer, com mais propriedade, aquilo que Walter Benjamin procurou atribuir às fotos de Atget: "Elas sugam a aura da realidade como uma bomba suga a água de um navio que afunda" (1985, p. 101). O instante, assim esvaziado, despedaça-se, inconsiste. Dele não se pode afirmar, como observa Szarkowski, qual "seja seu assunto, (...) sua moral", concluindo: "Como um profeta recitando enigmas, Frank parecia fotografar na periferia do verdadeiro assunto" (1989, p. 259).

Uma das melhores passagens de *A imagem precária*, de Jean-Marie Schaeffer, é dedicada a uma fotografia de Robert Frank que apresenta, numa esquina deserta, um cão que salta (ou cai, ou é jogado...). Ainda que baseada em outras premissas teóricas, podemos perceber, na análise de Schaeffer, os elementos fundamentais da leitura que aqui tem sido feita. Em primeiro lugar, a alteridade do instante, como resultado de um drible, de um pôr-se fora na expectação:

> "A imagem é tomada frontalmente e, no entanto, essa frontalidade parece instável: parece ser o ponto de chegada infinitesimal de um movimento rotativo. Uma fração de segundo antes, o olhar estava em outra direção, uma fração de segundo depois continua seu movimento..." (Schaffer, 1996, p. 196. Foto na página 158).

Essa rotação – o "pôr-se fora" – abre "uma falha microscópica na qual o signo fragmenta-se e devido à qual as imagens abrem a nossa imaginação para traços visuais puros, organizados", mas de uma organização "gratuita", sem "finalidade". Desta ausência de finalidade, decorre o "escândalo": "Esta foto é um escândalo, não moral nem metafísico, mas físico e lógico simultaneamente: a imagem foge a toda integração descritiva, situacional ou narrativa, assim como não tem qualquer função simbólica" (idem, p. 198).

Aproximamo-nos aqui do motivo fundamental da inconsistência do instante em Frank. No ausentar-se do tempo na imagem, o tempo levou junto com ele sua direção. Afinal, de onde vem ou para onde vai este cão? Ele está indo ou vindo? Caindo ou pulando? Não pode haver cão mais vagabundo que este: cão sem dono, abandonado a uma temporalidade cuja direção perdeu-se inteiramente. O texto de Schaeffer expressa sua perplexidade diante deste cachorro que já não parece pertencer ao nosso mundo:

> "... parece que o cachorro não cai e também não pula: sua postura vertical, sua cabeça horizontal, o paralelismo dos membros – toda sua dinâmica corporal vai contra essas duas explicações... Poderia ser um cão levitando; a menos que fosse um discípulo da meditação transcendental, é uma hipótese que tenderíamos a rejeitar dentro do nosso 'sistema de fatos possíveis'... Não importa a hipótese que se aceite, a imagem não 'tem sentido': o cão é um ponto de interrogação, antes de mais nada" (idem, pp. 197-198).

E Schaeffer se pergunta (sem responder): "O que aconteceu para que o cachorro se encontre nesta postura totalmente contrária a toda a plausibilidade empírica?" Eis, na minha opinião, o que aconteceu: "evacuado" de uma direção temporal, o instante em que habita o cão perdeu sua gravidade. Perdeu aquilo que, nas formas sensório-motoras de advento do instante, dava sentido ao seu movimento. Do tempo que se esvaiu da imagem, resta apenas o aspecto de sua inconsistência: no vácuo, e sem gravidade, o cão simplesmente flutua.

Em um contemporâneo de Frank, William Klein, a inquietude do instante não se faz pelo drible ou pela recusa, mas por uma "escavação" no interior do próprio instante – escavação que permite ao fotógrafo misturar-se com ele, dissolver-se nele. Enquanto Frank buscava diluir-se no fluxo do tempo, pondo-se fora do instante que a organização social do mundo oferecia, Klein persegue sua dissolução no interior do próprio instante. Apesar de Klein declarar que pretendia fazer fotos "tão incompreensíveis quanto a própria vida", sua novidade será usualmente atribuída ao modo como "destrói as regras da técnica" (Lemagny, *op. cit.*, p. 194). Mas percebe-se, como assinala Lemagny, que suas imagens "transmitem o intenso dinamismo de certos momentos da realidade, não do mesmo modo como o fotograma isolado de um filme, mas trinchando a trêmula carne negra da própria substância fotográfica". A oposição é bastante feliz, pois se a matéria fílmica permite este mergulho numa temporalidade que lhe é própria, o fotograma isolado não é capaz de transmiti-la. Trinchar a carne da imagem exige um "pôr-se dentro", assim como a espera de Frank visava um "pôr-se fora". O aspecto que suas imagens nos apresentam não é a inconsistência, mas o **transe**, como o próprio fotógrafo admitia: fotografar é um 'momento de transe' (*apud* Bellour, 1997, p. 99). O relato que faz William Klein de uma de suas fotografias é esclarecedor:

> "Eu acenei para o grupo de dentro posar. A ambigüidade de uma fotografia: os homens convencidos de que estavam sendo retratados vantajosamente e em close, e não perdidos em uma confusão de signos, néons e reflexos" (Klein, 1995, p. 9. Foto nas páginas 108-109).

Não se trata aqui de uma diferença de ponto de vista, apenas. É uma diferença de situação. O fotógrafo acena e os homens no bar supõem que estão sendo colocados "dentro de uma fotografia", mas é o fotógrafo que se desloca para dentro da imagem, de modo que todo o seu entorno imiscua-se nela. Ao pôr-se – em transe – dentro do instante, levando consigo "signos, néons, reflexos", a imagem dinâmica de Klein não é transitória, mas "transicional" – imagem "confusa", desindividualizante, perdida de si como imagem do outro.

É também de *transe* e *contágio* que nos fala Laymmert Garcia dos Santos, ao comentar as fotografias dos índios ianomâmis feitas por Cláudia Andujar. Imagens que parecem ter resultado de uma estranha forma de comunicação, em que a temporalidade mítica dos índios imiscui-se no instantâneo fotográfico, "como se o ritmo de produção e a ordem de apresentação por meio das quais as imagens se oferecem tivessem sido magicamente contaminadas, por contato e contágio, pelo tempo mítico em que vivem os ianomâmis". Tal como o instante que inconsiste, também para este instante em transe uma ruptura com o sensório-motor foi necessária. Uma ruptura em que, igualmente, a direção do movimento acaba por perder-se: "O fato de ser impossível estabelecer a direção do movimento suscita uma impressão de oscilação que faz a floresta vibrar". A impressão resultante, para Garcia dos Santos, é que "de foto em foto, o acúmulo de descargas intensivas nos leva a crer que, se os ianomâmis vêem os espíritos, nós mesmos passamos a vê-los como espíritos tomados – e, comovidos, sentimos o eco de sua exaltação da plenitude e da graça" (1998, p.8).

Em Klein, o mergulho no instante extravasa a câmera e alcança o ampliador, no qual o transe se prolonga em imagens borradas, desfocadas, sangrando o papel (e que serão publicadas nas páginas duplas de *New York 1954.55*). A respeito de *Loja de Doces* (Ver Caderno de Fotos), ele informa: "Antes que existissem lentes *zoom*, eu zoomei no laboratório, girando para trás e para frente o regulador de foco do ampliador, para transbordar os pretos nos brancos. Por que não." (Klein, *op. cit.*, p. 11).

O modo raro como Klein encerra sua descrição ("Por que não."), sem o devido ponto de interrogação, está aí para assinalar uma experiência que não se divide em dois momentos, cabendo ao segundo (o laboratório) instalar uma reflexividade que se debruça sobre o primeiro. Ele vem como confirmação, confirmação da negação. No limite da experiência moderna, as manipulações no laboratório de Klein não são uma intervenção posterior, uma "segunda" fase. São ainda, mesmo que revividas em outro espaço, a mesma fase. Estão em continuidade com o instante. São seu "transbordamento", que o transe sustenta e prolonga. No transe o instante apresenta o mais atemporal de seus aspectos, uma vez que tenta absorver a própria infinitude da duração em seu interior.

* * *

Os quatro fotógrafos sumariamente discutidos neste artigo representam os aspectos "cardeais" deste instante inquietado. Mas eles não esgotam toda a variabilidade de aspectos que a inquietude da fotografia documental direta experimentou nas décadas seguintes. Um deles, parece-me, justifica um comentário adicional. Indefinido entre instante e não-instante, ocorre em um lugar onde o instantâneo ainda se configura como tal, mas não **para mim**. Eu chamo o aspecto que aí emerge de **deriva**.

Ao contrário da experiência de William Klein, para quem a autonomia a ser buscada era a da câmera, o que transparece na deriva é a própria autonomia do instante. Neste sentido, não procuramos ludibriá-lo, como em Frank, pois, verdadeiramente, ele **não nos quer**. A espera da qual a deriva do instante devém é, de certo modo, uma **desafecção**. Talvez sua visibilidade, ainda moderna, não tivesse sido possível antes da descoberta dos não-instantes por Robert Frank. Mas se Frank e Klein situam-se no limiar formal da experiência moderna, a deriva parece provir de seu limiar histórico. Na desafecção não há drible, pois já estamos fora. Nem nos sustentamos na ambigüidade em que a diferença aparece/desaparece, pois já somos indiferentes. Não há retenção, como em Brandt, pois sua repetição não revela coisa alguma; nem protensão, como em Evans, pois meu olhar não é capaz de garantir a sua coesão.

Um exemplo, singular, na sua simplicidade e imediaticidade, em que este aspecto pode ser observado é o ensaio do fotógrafo brasileiro Pedro Vasquez, sugestivamente intitulado *Buscas e capturas,* no qual, a rigor, muito pouca coisa se captura, e o instante quase sempre escapa[3]. Inspirado no vaguear joyceano de um personagem que volta à terra natal, este ensaio não constrói a memória como um território estável. Antes, parece tratar-se de fragmentos carentes de unidade subjetiva, melhor dizendo, em vias de dessubjetivação. Sob a aparência de uma rigorosa geometria, esta imagem deixa entrever, na ressonância interna entre a deformação perspectiva da grande-angular e a flexão das pernas do transeunte, a implausibilidade desta correspondência, o modo como a imagem parece querer dividir-se em duas. A deriva do instante frustra a memória, pois o que ela nos apresenta é uma série de lembranças não-correspondidas.

Que tipo de espera é esta, em que o instantâneo devém por desafecção? Onde o que a imagem exibe é a própria deriva do instante? No limiar histórico da experiência moderna, parece que nos defrontamos com a espera pelo fim da espera. Lee Friedlander talvez tenha sido o fotógrafo que explorou com mais vigor esta região da espera, dando a origem às variadas configurações que aí derivam. Observemos algumas de suas fotografias. Sobre *Albuquerque 1972* (Ver Caderno de Fotos), Graham Clarke escreveu que "esta imagem poderia ter sido feita em qualquer lugar ou em lugar nenhum". Falha, portanto, em ser suporte de uma memória, mas, ao fazê-lo, ela põe em questão sua própria coesão interna:

> "De um modo característico, Friedlander quebrou a superfície da fotografia de maneira que um espaço tridimendional é simultaneamente questionado e alterado. Não olhamos para Alburquerque, mas para uma fotografia. Ela resiste a qualquer ponto focal, de modo que nossos olhos se movem sobre

[3] Pedro Vasquez. *Buscas e capturas*, 1983. Fotografia publicada em *O tempo do olhar*: panorama da fotografia brasileira atual. Rio de Janeiro: Jornal do Brasil/ MNBA/MASP, 1983.

a imagem sem encontrar qualquer ponto de repouso, qualquer sentido de unidade" (Clarke, *op. cit.*, p. 38).

Nesta fotografia, nada é apropriado, nada está onde deveria estar: o hidrante eleva-se demasiadamente, o cão é interposto por um poste, uma estranha geometria insiste em apresentar-se (postes, linhas da rua, faróis de tráfego, fios elétricos) como se houvesse sido flagrada antes de ter chegado à conclusão sobre um modo próprio de organização. Ledo engano, estas linhas desprezam a geometria, porque a geometria é algo nosso e que não lhes diz respeito. O instante de Friedlander deriva porque ele não se curva à nossa geometria, permanece indiferente a ela.

Em *Laffayette, 1970* [4], a deriva torna-se ainda mais evidente. O poste intervém agora para assinalar a virtualidade de uma outra imagem, que não se harmoniza com a moça que abre o desfile, mas compete com ela. Nesta imagem, onde todos nos voltam as costas, a possibilidade de um instante que nos corresponda não passa de uma sombra. Victor Burgin assinala que, em Friedlander, "a conjunção entre o aparato técnico fotográfico e o fluxo fenomenológico bruto quase falha em garantir o *efeito* subjetivo da câmera", ou seja, falha em produzir "uma coerência fundada no olhar unificante de um sujeito pontual, unificado" (1982, p. 150).

Mas aqui, onde a falha acontece, onde o instante ganha autonomia e nos escapa, onde ele deriva — podendo desdobrar-se em dois, três, numa infinidade deles, mas sem jamais fazê-lo —, aqui o fotógrafo descobre o único modo de *expectar* no qual é possível esperar não esperar mais. Ao fazer da *expectação* uma desafecção, o fotógrafo escolhe durar no indecidível, e desde aí proporciona o advento de seu *aspecto*. Um aspecto que não mais lhe pertence, que lhe é estranho, impróprio. Ao permanecer no indecidível, em que todos os instantes teriam

[4] Lee Fridlander, Lafayette 1, Louisania, 1970. Ver em: http://www.masters-of-photography.com/F/friedlander/friedlander_lafayette_louisiana.html

sido possíveis sem jamais chegar a sê-lo, o instantâneo não se consuma. Ele se perde para sempre no "fluxo fenomenológico bruto", como um navio à deriva, incapaz de pôr-se na rota que o conduziria a seu destino, incapaz de vir ao nosso **encontro**.

Contemplando as imagens de Lee Friedlander, constatando sua deriva, estamos agora mais próximos do que nunca de uma apreensão do pré-fotográfico em estado puro, da apresentação bruta da matéria informe sobre a qual a *expectação* trabalha, da duração como lugar onde a fotografia ganha sua forma. Estamos mergulhados naquilo que o filósofo Gilbert Simondon chamou *fluctuatio animi*, isto que "precede a ação resolvida", não como "hesitação entre muitos objetos ou mesmo entre muitos caminhos", mas como "recobrimento movente de conjuntos incompatíveis, quase semelhantes, e todavia disparatados" (1995, p. 209). Somos lançados neste lugar, onde os "caminhos não pré-existem à ação, contemporâneos de uma individuação nascente, antes que ela tenha curso" (idem, p. 210). Ao nos colocar face a face com o pré-fotográfico, Friedlander nos lega um espaço no qual toda possibilidade de ordenamento escorre por entre os dedos. E no entanto sua obra nos confronta, como talvez nenhuma outra, com a principal aspiração dos fotógrafos documentais do século XX (o desejo de que o sentido do mundo pudesse ser, a cada instante, recriado) e, por isso mesmo, com a sua mais profunda convicção poética: a de que valia a pena esperar por algo novo.

Referências visuais

Dorothea Lange – Migrant Mother – http://www.uiowa.edu/policult/politicalphotos/Lange1.html

Walker Evans –. Cemitérios, casas e siderúrgica. http://www.libraries.psu.edu/artshumanities/drc/psupress/howtouse.htm

Bill Brandt. Mineiro de Northumberland e seu jantar, 1937. www.ted.photographer.org.uk/ photogallery_4.htm

William Klein – Candy store – http://windshoes.new21.org/gallery-klein.htm

Lee Friedlander. Albuquerque, 1972 – http://users.ox.ac.uk/~biscott/imlang/talkingpics/tp5ambiguity.htm

Referências bibliográficas

BELLOUR, Raymond. *Entre-imagens*. Campinas: Papirus, 1997.

BENJAMIN, Walter. Pequena história da fotografia. *In*: ______. *Obras escolhidas I*: magia e técnica, arte e política. São Paulo: Brasiliense, 1985.

BURGIN, Victor. Looking at photographs. *In*: ______ (org.). *Thinking photography*. Londres: Macmillan Press, 1982.

CLARKE, Graham. *The photograph* (Oxford History of Art). Oxford: Oxford University Press, 1997.

DELEUZE, Gilles. *Diferença e repetição*. Rio de Janeiro: Graal, 1988.

HUME, David. Investigação sobre o entendimento humano. *In*: *Os pensadores*: Berkeley – Hume. São Paulo: Abril Cultural, 1980.

KLEIN, William. *New York, 1954.55*. Manchester: Dewi Lewis, 1995.

LEMAGNY, Jean Claude. Photography unsure of itself. *In*: LEMAGNY, Jean Claude; ROUILLÉ, Andre. *A history of photography*: *social and cultural perspectives*. Cambridge: Cambridge University Press, 1987.

LISSOVSKY, Mauricio. O refúgio do tempo no tempo do instantâneo. *Revista Lugar Comum*, Rio de Janeiro, n. 8, pp. 89-109, mai-ago. 1999.

MAYNARD, Patrick. *The engine of visualization*: thinking through photography. Ithaca: Cornell University Press, 1997.

RODOWICK, David. *Gilles Deleuze's time machine*. Durham: Duke University Press, 1997.

ROSSLER, Martha. In, around and afterthoughts (on documentary photography). *In*: BOLTON, Richard. *The contest of meaning*: critical histories of photography. Cambridge: MIT Press, 1993.

SANTOS, Laymert. A experiência pura. *Folha de S. Paulo*, São Paulo, 16 ago. 1998. Caderno Mais, p. 8.

SCHAFFER, Jean-Marie. *A imagem precária*. Campinas: Papirus, 1996.

SIMONDON, Gilbert. *L'individu et sa genèse physico-biologique*. Grenoble: Jérome Millon, 1995.

SOLOMON-GODEAU, Abigail. *Photography at the Dock*. Minneapolis: University of Minnesota Press, 1997.

SONTAG, Susan. *Ensaios sobre a fotografia*. Rio de Janeiro: Arbor, 1981.

SZARKOWSKI, John. *Photography until now*. Nova York: MoMA, 1989.

TAGG, John. The currency of the photograph. *In*: BURGIN, Victor (org.). *Thinking photography*. Londres: Macmillan Press, 1982.

Imagens analisadas por Antonio Fatorelli em "Entre o analógico e o digital", pp. 19-38

Revenge of the Goldfish © 1981 Sandy Skoglund

Double Stark Portrait in Swirl © 1985/86 Doug e Mike Starn

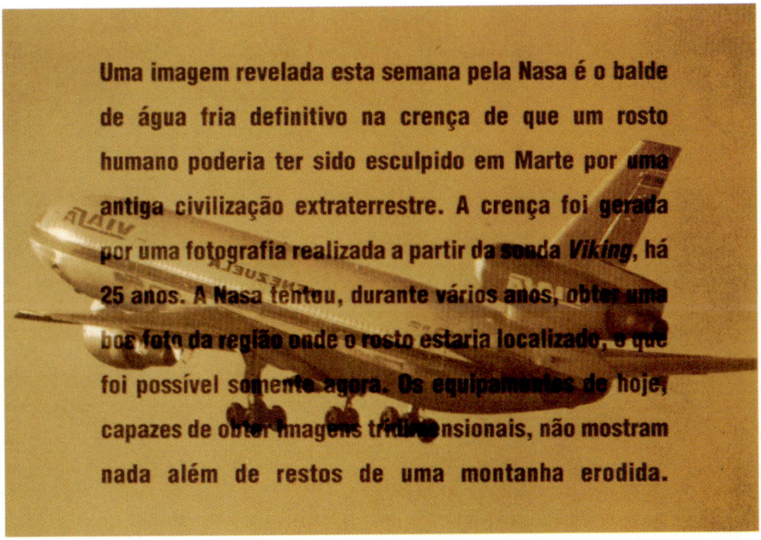

Viagens Especiais - Rosto Marte © 1996-2003 Rosângela Rennó

"Figuras na paisagem: estereoscopia", instalação interativa da André Parente, por ele analisada em artigo de mesmo título, pp. 61-69

Mulher: *Eu quero ver o que você está vendo de mim dentro de você.*

Homem: *Eu quero ver o que você está vendo de mim, do que eu estou vendo de você, dentro de mim.*

Mulher: *Eu quero ver o que você está vendo de mim, do que eu estou vendo de você, do que você está vendo de mim dentro de você.*

Homem: *Eu quero ver o que você está vendo de mim, do que eu estou vendo de você, do que você está vendo de mim, do que eu estou vendo de você, dentro de mim.*

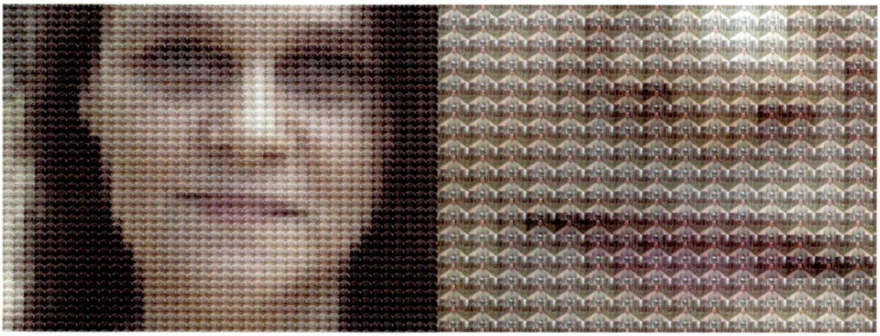

Mulher: *Eu quero ver o que você está vendo de mim, do que eu estou vendo de você, do que você está vendo de mim, do que eu estou vendo de você, do que você está vendo de mim dentro de você.*

Homem: *Eu quero ver o que você está vendo de mim, do que eu estou vendo de você, do que você está vendo de mim, do que eu estou vendo de você, do que você está vendo de mim, do que eu estou vendo de você, dentro de mim.*

"Ondas: um dia de nuvens listradas vindas do mar", instalação de Kátia Maciel, por ela analisada em "Transcinema e a estética da interrupção", pp. 71-76

Ondas: Um Dia de Nuvens Listradas Vindas do Mar © 2006 Katia Maciel

Imagens citadas em "A fotografia documental no limiar da experiência moderna", de Mauricio Lissovsky, pp. 179-196

Migrant Mother
© 1936 Dorothea Lange

Cemitérios, casas e siderúrgica
© 1935 Walker Evans

Mineiro de Northumberland e seu jantar © 1937 Bill Brandt

Loja de Doces © 1955 William Klein

Albuquerque © 1972 Lee Fridlander

Imagem do artigo de Thomas Y. Levin, "O terremoto de representação: composição digital e estética tensa de imagem heterocrônica", pp.197-215

Você Nunca Conhece a Estória Toda © 2000 Ute Friederike Jürß

O terremoto de representação: composição digital e a estética tensa de imagem heterocrônica

*Thomas Y. Levin**

Quase 70 anos atrás, no rastro de uma transição convulsiva histórico-midiática, um jovem teórico cultural, Rudolf Arnheim, tentou decifrar os desafios estéticos apresentados pelo advento do novo meio de "composição" do cinema sonoro em um ensaio denominado *O novo Laocoon: composições artísticas e o filme falado*. Nas observações que se seguem, proponho uma leitura da instalação de vídeo de três telas de Ute Friederike Jürß, *Você nunca conhece a estória toda* (2000) — através de dois termos-chave do texto seminal de Gotthold Ephraim Lessing da teoria estética do século XVIII invocada pelo título de Arnheim — o *Nacheinander* ou *Aufeinanaderfolgende* (o seqüencial) e o *Nebeneinander* (isto é, lado a lado ou adjacente). Estes dois termos constituem, para Lessing, características distintivas de duas lógicas estéticas fundamentalmente diferentes:

> "no primeiro caso, a ação é visível e progressiva, suas diferentes partes ocorrendo uma após a outra [*nacheinander*] em

* Teórico da Cultura e da Mídia, além de curador na cidade de Nova York. É professor associado da Princeton University (Estados Unidos), onde está afiliado ao Programa de Mídia e Modernidade. Editou recentemente o livro *CRTL [Space]: rhetorics of surveillance from Bentham to Big Brother*.

uma seqüência de tempo, no outro, a ação é visível e estacionária, suas diferentes partes se desenvolvendo em co-existência [*nebeneinander*] no espaço" (Arnheim, pp. 199-230).

O colapso dessas duas categorias opostas, que são efetivamente sinônimas de narrativa e imagem, respectivamente, é, como argumentarei a seguir, uma das características de nosso atual momento histórico-midiático transicional, marcado pelo advento da imagem *digital* em movimento e, como tal, apresenta um conjunto igualmente complexo de desafios teóricos para a teoria estética de hoje.

O trio de projeções silenciosas de vídeo em tela grande (mostrado primeiro no Museum für Neue Kunst de ZKM) prende logo a atenção. Não devido a qualquer movimento evidente, mas justamente o oposto: em sua estase estranha, meio dinâmica, são fascinantemente difíceis de ler e de identificar genericamente. Formalmente, as imagens projetadas em preto-e-branco da instalação de três telas de Jürß (Ver Caderno de Fotos) lembram, na intensidade caótica de cenas capturadas aparentemente *in medias res*, a iconografia da fotografia jornalística. Embora de alguma forma nos convidando a lê-las como uma narrativa com evidência fragmentária de algum drama muito agitado do "mundo-real" (a face mascarada da assinatura invocando a iconografia profundamente contemporânea do terrorismo ou o seu lado irreverente, o poder autoritário estatal), essas imagens não guardam a elusiva "história completa" invocada no título da instalação, como também não exibem a parte da estória ou das estórias das quais são ostensivamente um traço. A menos que, ao insistir em algum tipo de leitura referencial, se esteja olhando para o lugar errado. Na realidade, em uma dinâmica de revisão restropectiva que provará ser crucial para o entendimento deste trabalho, um segundo olhar revelará que a impressão intermedial inicial da instalação, uma projeção em vídeo de um instantâneo de notícia, é um pouco mais complicada do que parece à primeira vista: embora as imagens projetadas realmente lembrem instantâneos de fotojornalismo altamente excitantes, elas o fazem invocando a tradição duradoura do *tableau vivant*, do tipo que lembra o filme *Passion* de

Godard, de 1982 (e as encenações dos quadros de Goya, Rembrandt, etc.). O que vemos à segunda vista nas projeções de Jürß parecem ser, em outras palavras, projeções de vídeos de encenações teatrais de fotografias de notícias.

No entanto, a estratégia familiar de tradução teatral parece estar definitivamente ausente nas projeções de Jürß, que não exploram as capacidades temporais do vídeo de trabalhar, ou de tornar narrativamente dinâmica, a estase das imagens fotográficas jornalísticas que elas invocam. Esta comparativa *falta* de movimento surge tão-somente da importante diferença dos respectivos intertextos de mídia: porque diferente do que ocorre com a imagem pictórica e escultórica, o instantâneo de notícias é um instantâneo de imagem de tempo congelado *devido a suas próprias condições de produção*, sua invocação iconográfica por um *tableau vivant* seria uma teatralização de um instante que era antes parte de um contínuo temporal que em si já implica *em e através de sua estase*. Na realidade, considerando as questões relativas à temporalidade criadas pelo intertexto de mídia especificamente fotográfica nas projeções de Jürß (isto é, a invocação formal da foto jornalística), eles poderão ser melhor comparados, tanto em termos de seus constituintes formais quanto de suas estratégias retóricas complexas, com alguns dos trabalhos recentes do videoartista belga David Claerbout. A afinidade entre o trabalho desses dois contemporâneos está mais evidente na instalação de 1997 de Claerbout, *Ruurlo Bocurloschoweg, 1910*, cujo título anuncia o local e o ano de produção da fotografia "vintage", que serve em algum nível como base para esta projeção P&B silenciosa em tela grande. Mesmo mais simples, à primeira vista, do que as projeções de Jürß, este vídeo parece ser apenas filmagem de uma paisagem fotografada, uma exploração de pátinas comparativas de fotoquimicalidade anteriormente sépia e projeção de vídeo digital. Enquanto se estudam a imagem e as pequenas figuras que aparecem na bucólica cena campestre holandesa, subitamente se é atingido pelo fato de as folhas da grande árvore que domina a composição estarem muito sutilmente, mas inequivocamente, balançando ao vento. Inspirado por essa característica dinâmica e inesperada para rever as suposições sobre o gênero de mídia a que pertence esta imagem, busca-se em *Ruurlo Bocurloschoweg, 1910* mais evidência de seu *status* como filme do que como fotografia. Mas esta busca micrológica de uma identidade semiótica é em vão, visto que a única coisa que se move na projeção, de outro modo decididamente fixa, é a árvore. Isto é desconcertante, uma vez que infringe o que agora reconhecemos como uma suposição-chave sobre as mídias de base fotoquímica: *a homogeneidade semiótica de sua superfície expressiva.*

O que estamos vendo, parece, é uma "fotografia animada", uma projeção de vídeo de um híbrido semiótico consistindo em uma antiga imagem fotoquímica na qual um dos elementos centrais foi submetido à mágica animatográfica da pós-produção digital. Esta incursão no campo da imagem, a introdução do movimento em uma temporalidade de outra maneira uniformemente estática da fotografia, a complica extremamente: as folhas em movimento, como traço reconhecível de uma intervenção "pós-produção", questionam a "confiabilidade" associada à indexidalidade fotoquímica da imagem fotográfica. Isto, por sua vez, tem um efeito corrosivo em nossa leitura do restante da imagem, cujas demandas referenciais parecem agora curiosamente solapadas. Como podemos saber que outros elementos, embora fixos, não tenham sido também sujeitos a semelhante — mesmo que não animada — revisão digital pós-fato? Embora esta dúvida tenha, de alguma forma, perseguido a fotografia desde seu começo, é hoje mais do que nunca *a* ansiedade semiótica do atual momento histórico-midiático transicional, marcado pela crescente disponibilidade, sofisticação e proliferação da imagem digital tanto na fotografia quanto no cinema. Na realidade, a instalação de Claerbout indica de maneira particularmente eficiente o que Lev Manovich (1999) chamou de crescente "modularidade" de práticas contemporâneas de mídia, isto é, a construção de imagens a partir de partes ou "módulos" discretos e potencial e semioticamente bastante diferentes.

Como truque técnico, o "efeito especial" de composição em mídia com base no tempo não é realmente novo, basta lembrarmos do filme de 1913 *Der student von Prague*, de Stellan Rye, o filme ur-

Doppelgänger, no qual o herói Balduin encontra constantemente sua estranha imagem especular autônoma – composta opticamente – ambos interpretados por Paul Wegener[1]. A composição modular tem se tornado cada vez mais uma das lógicas paradigmáticas da mídia do princípio do século XXI, como comprovado de forma não ambígua, por exemplo, no videoclipe musical de Chris Cunningham, *Frozen*, apresentando um trio de Madonnas, ou, melhor ainda, no videoclipe extraordinário de Michel Gondry para a música profundamente banal de Kylie Minogue, *Come into my world* (Venha para meu mundo), no qual Kylie, após uma longa tomada em que caminha em torno do quarteirão, é acompanhada por primeiro uma, depois duas e, finalmente, por mais três Kylies, em uma complexa coreografia de narcisismo auto-indulgente[2]. Seria instrutivo comparar esses exemplos a um trabalho de Gondry, como seu videoclipe de 1999, *Let forever be* (Deixe o sempre existir), para os Chemical Brothers, que apresenta uma multiplicidade delirante e prismática de Stephanie Landwher; ou, ainda, a grande virada de composição digital e controle de movimento no videoclipe *Hey Ya!*, de Andre, dirigido por Bryan Barber, no qual Dre desempenha cada um dos figurantes em sua banda Love Below. Neste contexto, o refrão "agite como uma foto Polaroid" somente confirma as ansiedades representacionais criadas pela pós-produção digital, considerando o relacionamento aparentemente privilegiado da Polaroid com a referencialidade indicial não problemática.

---

[1] Cf. Diederichs, 1985. A importante ligação entre as possibilidades de narrativa de composição e tanto a legitimação quanto a lucratividade do novo meio cinemático como uma "arte" são melhor captadas pelo *scriptwriter* Hans Heinz Ewers, que observou, em 1925, que *Der Student von Prague* "war nicht nur für Deutschland, sondern für die ganze Erde, ein ganz außerordentlicher Erfolg: war der erste künstlerische Film überhaupt. Ich hatte den Kritikern, den Künstlern, dem Publikum den glatten Beweis erbracht, daß man auf dem Kino Kunst machen könne — und der Filmindustrie den andern, nicht weniger wichtigen, daß man mit Kunst auf dem Kino auch viel Geld verdienen könne" (Ewers, 1976, p. 106). Sobre a questão do duplo, veja também Heide Schlüpmann (1984, pp. 10-24).

[2] Cf. Manovich, 1999, pp. 173-192. Este texto é um dos muitos excertos do livro de Manovich, *The Language of New Media* (Cambridge, MA: MIT Press, 2000).

Exatamente como em *Ruurlo Bocurloschoweg, 1910* era o quase visível, silencioso farfalhar das folhas que nos alertava para a hibridez de mídia daquela instalação, nas projeções de Jürß é o balançar silencioso, muito delicado, deveras estranho dos membros e poses quando segurados sobre o curso de um arco de dez minutos que, de repente, parece nos chamar para mais interrogações. O elemento não ambíguo, salientado e policênico dessa economia de movimento sutil – cujo primeiro efeito é corroer a suposição de que estamos olhando uma imagem fixa – é, naturalmente, o piscar dos olhos. Em cada projeção de Jürß pelo menos um dos personagens centrais pisca claramente, embora em intervalos regulares que sugerem uma resistência obstinada à regularidade do ímpeto somático normal, e, assim fazendo, priva o espectador daquilo que poderia ter sido um índice confiável corporal de tempo transcorrido. Este movimento ocular invoca também, simultaneamente, um intertexto histórico-midiático bem conhecido, no qual um mesmo gesto desempenha um papel de mídia muito semelhante e crucial que lhe retira a ambigüidade: esta cena está, não é preciso dizer, em *La Jétée*, de Chris Marker, aquele experimento seminal de celulóide de 1962, cuja rigorosa redução a uma série de poses em preto-e-branco apresenta de forma bem eficiente a famosa pergunta de André Bazin: "Qu'est-ce le cinèma?" (o que é cinema?). O único ponto em todo o filme em que *La Jétée* infringe rigorosamente sua própria restrição formal estática é o momento mágico em que o objeto feminino adormecido de desejo mnemônico de repente e oh-tão sutilmente – na realidade, é preciso fazer esforço para percebê-lo ou não se tem certeza se realmente aconteceu – parece que acorda e devolve o olhar. Esta transição quase não visível da imagem "fixa" para a imagem em "pleno movimento" – quer dizer, de uma lógica de fixos para outra – se torna legível graças ao fato de, após abrir seus olhos, a mulher clara e repetidamente piscar.

Considere outra característica das projeções, a estranheza de seu efeito de profundidade, uma recessividade estranhamente excessiva, porém descontínua: isto também invoca um intertexto intermedial, uma vez que, afinal de contas, é o mesmo efeito que caracteriza aquela tecnologia de realidade virtual altamente popular no final do século XIX

– a imagem estereoscópica. O que se sugere pela semelhança formal da estranheza da virtualidade estereoscópica inicial com a das projeções de Jürß é que elas também são produto de um efeito sintético de profundidade. E, na realidade, se olharmos de perto as figuras do *tableau vivant*, descobrimos que, apesar das diferenças superficiais em aparência e fantasia, a fisionomia fundamental de cada um dos "personagens" é de fato a mesma. Quando se percebe que todas as figuras no *tableau vivant* são, na realidade, a mesma pessoa, fica claro que o que *aparece* na projeção como visualmente simultâneo é necessariamente o produto de uma série de tomadas em *seqüência* temporal subseqüentemente integradas em uma imagem. Assim como a virtualidade estereoscópica é gerada através da síntese espectatorial de duas imagens fixas *espacialmente* não-congruentes (mas temporalmente simultâneas), a virtualidade das projeções de Jürß é produzida pela síntese pós-produção de um número de fragmentos de imagem *temporalmente* distintos (mas integrados espacialmente). Então, a suposição fundamental da homogeneidade espaço-temporal do campo de significação, que foi solapada pelas projeções de Claerbout em relação à fotografia, está aqui sendo colocada em dúvida em relação à imagem gravada em vídeo.

Assim como a presumida homogeneidade semiótica da fotografia foi uma função da suposição errônea de que a indicialidade de sua base fotoquímica necessariamente pertencia ao todo da superfície da imagem, assim também a presumida homogeneidade semiótica das projeções de Jürß é uma função da suposição errônea da coerência espacial e temporal necessária da imagem de vídeo em movimento. As projeções de Jürß são, portanto, fundamentalmente marcadas pelo que se poderia chamar de condição de *hibridez semiótica*. Apesar da aparente coerência de seus campos visuais, elas são de fato totalmente fraturadas tanto espacialmente (a constelação de figuras que vemos nunca ocupou um espaço compartilhado) quanto temporalmente (cada uma das diferentes figuras foi gravada em um tempo diferente). Como toda figura em cada uma das projeções de Jürß não é outra senão a própria artista Ute Friederike Jürß, a instalação também pode ser lida como redistribuição do papel de mobilização da performance narcisista de Cindy Sherman como meio de citação da mídia na famosa série de 69 fotografias P&B que ela fez de si mesma desempenhando diversos tipos de "clichês" cinematográficos. O que Jürß fez foi deslocar a periodicidade literal das diversas "poses de filme" de Sherman (que a artista produziu durante um período de três anos, de 1977 a 1980) para a periodicidade *temporal* da produção do conjunto de *tiras* de vídeo que constituem as diferentes figuras componentes de cada projeção.

Para se ter uma idéia da especificidade do que está em jogo aqui, pode ser útil comparar as projeções com outro conjunto de exemplos de tradição iconográfica do auto-retrato-como-múltiplo: primeiro considere a fotografia, de 1917, que Marcel Duchamp tirou de si mesmo em frente a um espelho pendurado, uma estrutura formal subseqüentemente ensaiada, ou, para ser mais generoso, mencionada, em auto-retratos posteriores por H.P. Roche e Francis Picabia. Aqui a multiplicidade prismática é ainda totalmente pró-fílmica, no sentido de que a imagem em cada caso é uma fotografia espaço-temporalmente coerente do sujeito e uma série de reflexos reais e ópticos. Contraste isto com a fotografia de imprensa, de 1952, de uma série sobreposta de imagens de intervalos de tempo de Duchamp descendo uma escada: aqui a hibridez temporal é claramente legível como uma condensação visual das técnicas seqüenciais *muybridgeanas/mareyianas*, que serviram como um intertexto-chave para a conhecida tela a óleo que o fotógrafo invoca. As projeções de Jürß estão em total contraste com ambas as imagens, principalmente porque, diferente de Duchamp, cujos múltiplos aparecimentos são identicamente legíveis, Jürß parece múltiplo, mas sempre *como um outro*. Como resultado – diferente do auto-retrato de Duchamp, em 1917, que parece ser uma montagem composta, mas não é –, as projeções de Jürß não parecem ser imagens compostas, mas o são; e se a natureza composta da imagem posterior de Duchamp é legível em sua linearidade, a natureza composta da lógica *nacheinander nebeneinander* das projeções de Jürß, mesmo quando reconhecida como tal, permanece totalmente inescrutável. Esta é a razão da fascinação do "m*aking of*" axionométrico de vídeo fornecido pelo artista.

Esta dinâmica do composto legível *versus* ilegível é também a marca do domínio no qual tais técnicas são mais usadas hoje – o cinema comercial de grande-orçamento. Considerando o grande número de filmes de longa-metragem que dependem tanto do espetacular quanto de "efeitos especiais" bastante mundanos para construir seus espaços de narrativa, não é de surpreender saber que os meios técnicos usados para criar o espaço recessional simulado nas projeções de Jürß (o programa "inferno") são, de fato, produto de estúdios de pós-produção de Hollywood. Em geral, este tipo de programa opera "invisivelmente", servindo como meio para apagar os traços visíveis das condições materiais de possibilidade de proezas cinemáticas espetaculares, tais como – para citar um recente e bem conhecido exemplo – as amarrações em *Matrix* (Andy & Larry Wachowski, 1999), que davam apoio aos atores durante seus saltos desafiadores da gravidade. Como o produto final cinemático não apresenta nenhum traço das incursões pós-produção – exceto, talvez, a absoluta especularidade dos efeitos em si –, isto parece não ter conseqüência para o *status* referencial da imagem cinemática, na medida em que seu efeito-realidade está baseado, pelo menos de alguma forma, na indicação presumida de sua base fotográfica. Realmente, intervenções pós-produção desempenham um papel central ao fomentar a ansiedade baudrillardiana sobre a referencialidade de imagens na era de sua simulação digital – como está dialeticamente evidente na devoção ressurgente pró-filme do credo Dogma 95. No entanto, simultaneamente, a hibridez semiótica dos efeitos digitais pós-produção tem se tornado uma característica central, *de primeiro plano*, no cinema contemporâneo, desde *As aventuras de Alceu e Dentinho* (Des McAnuff, 2000) até *O professor aloprado 2: a família Klump* (Peter Segal, 2000).

Naturalmente, o espetáculo cinemático de *efeitos especiais legíveis* não é nem novo nem exclusivamente uma função de pós-produção digital; na realidade, podem-se traçar os princípios de composição de imagem mecânica até pelo menos os dispositivos ópticos protocinemáticos, tais como o Thaumatrope, inventado pelo físico inglês John A. Paris, em 1826, e a mágica cinemática pioneira de Georges

Méliès e Ferdinand Zecca do final do século XIX, início do XX[3]. Na realidade, quase um século depois, a priorização de tais dispositivos visuais em uma espécie de prática carnavalesca de composição ainda invoca esta genealogia do cinema antigo em sua celebração do que poderíamos chamar de atrações compostas. Considere, por exemplo, o encantador exemplo de *Uma cilada para Roger Rabbit* (Robert Zemeckis, 1988). Longe de usar dispositivos técnicos para enfatizar algum tipo de "efeito de real", aqui a figura animada central e seu ambiente de atuação real estão clara e rigorosamente diferenciados como condição de possibilidade do conceito-chave do filme – a interação inconsútil de dois espaços de mídia epistemologicamente distintos. No entanto, embora a hibridez semiótica de *Roger Rabbit* dependa da distinção legível entre os domínios da animação e do cinema de atuação real, qualquer ameaça que isto pudesse vir a criar ao *status* deste último está refreada pelo fato de que estas duas economias semióticas não são igualmente ponderadas: com exceção da abertura, que começa no "mundo" animado e depois retorna para "revelar" o "mundo real", de atuação real, em todos os pontos a animação opticamente composta habita o espaço de atuação real, cujo *status* tradicional como espaço de narrativa, como estrutura ou fundo semiótico, fica, portanto, mantido totalmente intacto. É esta subordinação duradoura de animação à atuação real que é irrevogavelmente revertida com o advento da imagem digital: uma vez que todas as imagens – sejam animadas ou realmente atuadas – podem ser manipuladas artesanalmente, então, como Lev Manovich (1999, p. 175) colocou, "o cinema não pode mais ser claramente diferenciado da animação" e cinema digital se torna definido como "um caso particular de animação que usa filmagem de atuação real como um dos seus muitos elementos" (*op. cit.*, p. 180). O cinema nasce da animação, renega-a e, finalmente, um século após seu nascimento como

[3] Inventado pelo Dr. William Henry Fitton, em 1826, o Thaumatrope consistia em um disco de papelão com duas imagens diferentes em cada uma de suas faces; quando rodado na corda ligada nos dois lados, a constância do efeito de visão produzia uma momentânea, mas constrangedora, síntese perceptual das imagens (por exemplo, um pássaro e uma gaiola).

meio, se torna um subconjunto dela. Nesta perspectiva, é tentador entender a proliferação contínua de híbridos de mídia seguramente legíveis, tais como *Space Jam – o jogo do século* (Joe Pytka, 1996) e *Alceu e Dentinho*, no qual uma hibridez semiótica de primeiro plano – embora agora digital em vez de opticamente composta – claramente subordina a animação – embora agora produzida digitalmente – à atuação real, como um desejo nostálgico por uma epistemiologia cinemática passada, na qual o fotográfico não tinha ainda sido relegado ao *status* de um subconjunto de uma condição mais geral de mídia digital gráfica[4].

Igualmente em primeiro plano em sua hibridez semiótica legível, no entanto fundamentalmente diferente na especificidade de seus meios, estão a *tour-de-force* de brilhante atuação e efeitos de pós-produção das novas versões de Eddie Murphy (1996 e 2000) do *Professor aloprado*, de Jerry Lewis. Nos dois filmes, Murphy representa simultaneamente uma variedade de personagens (gordo/magro, homem/mulher, jovem/velho, etc.), muitos dos quais aparecem juntos na mesma cena – outro exemplo (altamente sintomático) da multiplicidade do ser como "outro". Esta duplicidade na tela (que merece tratamento mais prolongado do que é possível aqui) é naturalmente um fenômeno cinemático duradouro que percorre vários gêneros e períodos. A hibridez semiótica que é a marca compartilhada dos filmes *Professor aloprado* não é mais intermedial (como no contraste animação/atuação real de

---

[4] A hibridez de mídia do filme da Disney *Dinosaur* (Eric Leighton e Ralph Zoudag, 2000), no qual hiper-realistas apresentações de computação gráfica de criaturas-ur são inseridas, mais ou menos inconvenientemente, em uma vasta gama de ambientes fotografados em locais exóticos em todo o mundo, é extremamente diferente, no entanto, ainda inteiramente legível. Embora não em primeiro plano, como as animações, as construções animatrônicas são reconhecidas como maravilhas técnicas, tanto pela simples inferência plausível (dinossauros não estavam disponíveis para serem fotografados) quanto pela ousada antropomorfização. Não obstante, a combinação das invenções claramente digitais e espaços aparentemente referenciais (o comprimento da lista de *site* quase parece uma compensação exagerada) torna difícil decidir sobre o *status* daquilo que se está vendo — o resultado seria uma nova forma mídia-histórica de *Unheimlichkeit*.

Space Jam e *Roger Rabbit*), mas reside inteiramente *dentro do domínio do próprio (pós-) fotográfico*. A hibridez é legível à medida que o espectador "reconhece" Eddie Murphy em todos os seus vários disfarces – e, na verdade, um dos apelos talvez ambivalentes do filme esteja, sem dúvida, na sua habilidade de nos ensinar o novo vocabulário de efeitos especiais tornado possível pela pós-produção digital. Isto quer dizer que, muito semelhante às projeções de Jürß, a hibridez dos filmes *Professor aloprado* é uma função do que se poderia chamar de *heterocronia* – isto é, temporalidades múltiplas ou diferenciadas – de suas imagens: a audiência conhecedora de mídia vê os diversos personagens de Murphy "interagindo" no mesmo "espaço", mesmo que se perceba que a interpretação dessas várias figuras *deve* ter ocorrido em episódios temporalmente seqüenciais, isto é, um "após" o outro. Portanto, a fascinação de tal multiplicidade composta reside, ao menos em parte, em sua apresentação de sucessão temporal ou seqüencial – o que Lessing chama *das Nacheinander* e identifica como a característica fundamental da narrativa e, portanto, das artes temporais, como a literatura e a poesia – como visualmente lado a lado (*das Nebeneinander*, a qualidade espacial definindo a arte visual como pintura e escultura).

O que estamos verificando hoje, quero insistir, é o colapso de uma na outra, ou da sobreposição em um mesmo espaço, do que, para Lessing, são duas categorias estéticas fundamentalmente antitéticas. O resultado – que para Lessing teria constituído nada menos do que um erro de categoria – é uma prática estruturalmente análoga ao fenômeno acústico de dublagem, no qual um cantor desempenha todos os instrumentos, ou canta todas as partes de uma harmonia: ouvindo o produto final, o que ouvimos em qualquer momento como simultaneidade fenomenal, isto é, como alguma coisa que foi produzida por várias pessoas em um momento, é, em vez disso, um som cuja condição de produção foi inteiramente da ordem da seqüencialidade, isto é, um som composto por uma pessoa durante muitos momentos, isto é, numerosas faixas gravadas durante um longo período e depois mixadas uma em cima da outra.

Comparados ao filme *Roger Rabbit*, os filmes do *Professor aloprado* parecem completa e semioticamente homogêneos em sua atuação real, embora, como vemos agora, esta falta de emendas do que poderíamos chamar sua heterocronia, esta poli- ou múltipla indexação temporal, é inteiramente resultante de efeitos digitais pós-produção[5]. O desafio da instalação de Juerß, a importância de seu *mis-en-scène* do *Nacheinander Nebeneinander*, está em colocar em primeiro plano a especificidade histórica da mídia da imagem heterocrônica digital. Isto só pode ser entendido, naturalmente, através de uma análise comparativa das várias formas de representações heterocrônicas encontradas na história da arte. Deixe-me apenas considerar um exemplo moderno muito conhecido: as pinturas de Nicolas Poussin. Estes trabalhos extraordinários foram elogiados pela sua "unidade narrativa", isto é, sua habilidade de recontar uma narrativa inteira dentro das restrições de um campo pictório delimitado. Como é conhecido, Poussin e seus intérpretes reivindicam que os *Israelites Gathering Manna* apresentaram todo o drama do milagre bíblico, semelhante a uma formulação textual de um enredo. As figuras representando a fome inicial e a resultante libertação estavam espacialmente segregadas, mas simultaneamente presentes. Tal unidade narrativa, no entanto, pressupõe periodicidade na percepção da imagem. Este processo, que Poussin chamava sutilmente de "leitura", impõe uma orientação de narrativa diacrônica sobre os sinais pictoriais, apesar da unidade espacial e da aparente simultaneidade perceptual da imagem. As telas de Poussin são, portanto, em um importante sentido, também imagens heterocrônicas.

O que as imagens de Juerß nos fazem confrontar, no entanto, é que tal heterocronia é uma condição estético-semiótica central em nossa atual episteme de imagem em movimento, que clama por outro novo

[5] Naturalmente, nem todas as formas de heterocronia são o produto de pós-produção, como é evidente, por exemplo, no *Nunca é tarde* (Jon Turteltaub, 2000), um recente filme de Disney, apresentado quase ao mesmo tempo que *Professor aloprado 2*, no qual um homem (que trabalha como "gerente de imagem") também confronta a si mesmo como "outro", mas aqui é ele mesmo como criança (isto é, uma heterocronia diegética).

Laocoon, um Laocoon que, abandonando a suposição de homogeneidade temporal do campo visual, serve à dinâmica temporal não entre, mas dentro das imagens de mídia do início do século XXI. Porque a questão sobre como ler as imagens digitais que nos cercam já é também uma questão sobre o tempo ou tempos de tais imagens. Considere, por exemplo, o artigo "It may look authentic; Here's how to tell isn't", publicado no *The New York Times* em 14 de janeiro de 2006, sobre a ansiedade entre editores de jornais científicos em relação à confiabilidade e veracidade – que quer dizer referencialidade – de suas imagens agora digitalmente produzidas e apresentadas na esteira de sua falha em reconhecer o *status* manipulado das imagens de células-tronco humanas apresentadas pelo Dr. Hwang Woo Suk. Como indicado no título – *Pode parecer autêntico; eis como dizer que não é* –, podemos estar certos de que passos estão sendo dados para conter essa ameaça à referencialidade digital. Mas o que o artigo sugere, e não reconhece, é que está em jogo também a homogeneidade temporal da imagem visual, pois a imagem manipulada é sempre uma imagem heterocrônica, isto é, uma imagem cujo campo visual carrega os traços de pelo menos dois momentos distintos: o tempo da produção da imagem e o tempo sempre subseqüente da intervenção. Mas como Thomas Elsaesser observou corretamente:

> "visão é somente parte do que torna a imagem em movimento 'real' para um espectador, de modo que a pergunta que se precisa fazer não é tanto se a imagem digitalizada corta a ligação entre o traço material do real na fotografia e seu poder de parecer real, mas como a digitalização pode afetar relações de tempo-espaço para o espectador, e, desse modo, o 'tempo' da imagem" (Elsaesser, 1998, p. 209).

E é precisamente através de uma mudança decididamente notável na temporalidade da imagem cinemática em relação ao chamado "tempo real" que podemos seguir as conseqüências retóricas da proliferação da imagem digital heterocrônica. O que a destruição geral do *status* de *indexar* fotoquimicamente quer dizer não é simplesmente, como Lev

Manovich reivindica, que o cinema não é mais uma tecnologia de mídia indexada (*op. cit.*, p. 175), mas que *o local de sua fundação indexada mudou*, deslocando-se da referencialidade cada vez mais não-confiável da imagem como imagem fotográfica para o domínio cada vez mais marcado pela indexidalidade proporcionada pelo instantâneo ou pela tomada em "tempo real", não-editada. O que é tão "real" sobre o chamado "tempo real" é, precisamente, que ele parece impermeável à heterocronia. Em nenhum lugar isto é mais evidente do que na cultura popular contemporânea. Da proliferação extraordinária de filmes como *Olhos de serpente* (Brian De Palma, 1998), *O show de Truman* (Peter Weir, 1998) e *Inimigo do estado* (Tony Scott, 1998) – nos quais a vigilância não é somente um foco temático, mas também informa a própria estrutura de narrativa – à explosão dos chamados "reality TV *shows*", tais como "Real World" e "Big Brother", cujos resumos transmitidos são apenas a face principal do que muitos "espectadores" acessam durante 24 horas de *website Big Brother* em multicâmeras *on-line*, existe uma evidência crescente do que eu chamo de nova estética de indicadores de vigilância. O que é fundamental neste contexto é que a "autenticidade" dessas imagens de vigilância é uma função da ostensiva ausência de qualquer agência interveniente, supostamente garantida pela *instantaneidade* de suas condições técnicas de produção (a mesma qualidade previamente atribuída à indexação-icônica fotoquímica da imagem).

Em nenhum momento esta mudança de visual para temporal (e da capacidade deste último de conter hibridez semiótica colocada em primeiro plano) é tão marcante quanto no extraordinário experimento DV de Mike Figgis, *Time Code*, lançado em 2000, no mesmo ano da instalação de Juerß. Dividindo a tela permanentemente em quatro quadrantes de "tempo real", cada um contendo uma narrativa mais ou menos autônoma – uma invocação formal da iconografia já familiar do esquema clássico de vigilância –, o filme foi feito usando, como a publicidade anunciava, "4 câmeras. Sem edição. Tempo real". Às 15 horas do dia 19 de novembro de 1999, assim diziam os créditos finais, quatro operadores de câmeras ligaram suas câmeras de vídeo digitais e cada um seguiu um dos quatro personagens (ou grupo de personagens) principais que, durante os 90 minutos seguintes, sem interrupção, se encontram acusticamente (celular/vigilância por áudio) e visualmente de maneiras que freqüentemente ligam – e por vezes brevemente juntam – alguns dos seus respectivos quadrantes. O produto desta extraordinária coreografia de trabalho de câmera em tempo real e ação semi-improvisada – efetivamente uma nova tomada (literal) do gênero trivial de "docudrama" – é um excesso espetacular de informação visual. Enquanto a nossa atenção ocular é, em algum nível, guiada pela trilha sonora, cujos níveis de volume nos quadrantes indicam ao espectador o que é saliente na narrativa em qualquer dado momento, o filme como um todo, no entanto, permanece total e deliciosamente irresistível. Em uma curiosa reapresentação do argumento de Bazin sobre a "verdade" de uma longa tomada, entretanto, a celebração não ambígua de *Time Code* do excesso semiótico é explicitamente justificada como uma nova forma de realismo, em contraste com a "realidade falsa" supostamente criada pela seletividade "deturpante" da montagem. Apesar do (ou talvez por causa do) caráter aparentemente heterocrônico de seus quadrantes videodigitais mais ou menos independentes – um desafio visual mesmo para espectadores graduados da hipermontagem da MTV –, as reivindicações realistas de *Time Code* estão baseadas, como o material de propaganda do filme não cansa de nos lembrar, na coerência temporal sem precedentes de suas condições de produção. "Pela primeira vez, um filme fotografado em tempo real" (gaba-se o *website* do filme). O próprio título do filme não só invoca os meios técnicos usados para alcançar a "sincronia" de som e imagem (e, neste caso, também de imagem e imagem); indica também o fato de que aqui o tempo é a chave, ou o código, tanto para o desafio de multitarefas apresentado pelas quatro imagens quanto para a sua coerência como quarteto.

O desafio é como tornar o efeito de "tempo real", supostamente síncrono, visível dentro das próprias restrições formais do filme, isto é, como transmitir a ostensiva homocronia das quatro imagens totalmente independentes usadas para relatar o drama reflexivo do filme da vida de estúdio cotidiana de Hollywood. Dentro de cada quadrante, *Time*

Code assume a assinatura tremida de trabalho de câmera na mão, de uma retórica visual que se poderia chamar de diletantismo estratégico explorado na apropriação dramática de *A bruxa de Blair* (Daniel Myrick & Eduardo Sanchez, 1999) no idioma "*cinema-vérité*". Mas a fim de estender a "autenticidade de não-profissionalismo" a todos os quatro quadrantes de forma que fiquem inequivocadamente no primeiro plano, como estando *in sync*, *Time Code* inventa uma variante bastante engenhosa, geograficamente motivada da imagem "verdadeiramente" tremida: considerando que *Time Code* é "passado" em Los Angeles, não é totalmente surpreendente quando, em vários pontos aleatórios durante o docudiégesis de multicâmera, um terremoto ocorre e, conseqüentemente, *todas as quatro imagens tremem*. É este tremido "docu-imagem", um súbito tremor que convulsa toda a tela, congelando todos nos seus lugares em resposta ao reconhecimento momentâneo da fragilidade do seu solo, que, periodicamente, reestabelece a homogeneidade temporal deste quarteto de telas de superabundância semiótica. A sincronia em "tempo real" é manifestada, em outras palavras, sacudindo literalmente as próprias imagens. Isto é, para que *Time Code* estabeleça visualmente a homogeneidade temporal que governa suas imagens de outra forma visualmente desiguais, a fim de que ele apresente alguma coisa semelhante à estabilidade temporal, o filme tem que invocar uma instabilidade fundamental – tanto a instabilidade do fundamento (a terra tremendo) quanto a instabilidade do próprio significativo (a imagem tremendo).

É este mesmo gesto – que Hamacher (1985) chamou "*das Beben der Darstellung*" (o terremoto de representação)[6] – que marca também as projeções de Jürß, embora de uma forma considerada mais sutil. Diferente de *Time Code*, no entanto, em que a hibridez dos quadrantes constitutivos é bem legível e o tremor igualmente de primeiro plano em todos os diferentes campos serve para enfatizar sua homogeneidade (temporal), nas projeções de Jürß a hibridez das fatias constitutivas é bastante ilegível, e o movimento comparativamente mínimo, porém

[6] Estou muito grato a Deborah Esch (Toronto) por gentilmente chamar minha atenção sobre este texto neste particular.

ainda notável, das figuras estáticas serve, em uma análise mais próxima, para sinalizar sua heterogeneidade. Mas o faz precisamente porque recusa a própria economia de movimento, cujo caráter temporal serve efetivamente para ocultar a legibilidade da heterocronia de pós-produção ou outros tipos de hibridez semiótica. É por isso que é crucial vermos o piscar nas projeções de Jürß, experimentar o tremor em sua imobilidade: pois é através desta rigorosa encenação de estase no tempo que elas expõem as suturas retóricas de tempo "real", de indexação temporal, como o novo regime de significação motivada. Na era da imagem digital – isto é, no momento em que o *punctum* de Barthes se transforma em *pixel* – a insistência das projeções de Jürß de que não conhecemos toda a estória pode muito bem ocorrer porque não havia um todo sobre o qual uma estória, ou *a* estória, pudesse ser conhecida. Porém, se previamente era a retórica da indexação fotoquímica que ajudava a manter a ficção da possibilidade de ambos, a estória e o todo, então agora, numa conjuntura em que a retórica de indexação se tornou mais temporal do que visual, pode muito bem ser exigida uma estética da tensão temporal, em um trio de projeções heterocrônicas agitadas para dizer "você nunca conhece a estória toda".

Referências bibliográficas

ARNHEIM, Rudolf. *Film as Art*. Berkeley/Los Angeles: University of California Press, 1957.

DIEDERICHS, Helmut. *Der Student von Prague*: Einführung und Protokoll. Stuttgart: Focus Verlag, 1985.

ELSAESSER, Thomas. Digital Cinema: Delivery, Event, Time. *In*: ELSAESSER, Thomas; HOFFMANN, Kay (Eds.). *Cinema Futures: Cain, Abel or Cable?* Amsterdam: Amsterdam UP, 1998.

EWERS, Hans. Anfänge des films [1925] rpt. *In*: *Hätte ich das Kino! Die Schriftsteller und der Stummfilm*. Marbach/N.: Deutsche Schillergesellschaft, 1976.

HAMACHER, Werner. Das Beben der Darstellung". *In*: WELLBERRY, David (Ed.). *Positionen der Literaturwissenschaft*. Munich, 1985.

MANOVICH, Lev. *Language of New Media*. Cambridge, MA: MIT Press, 2000.

______. What is Digital Cinema? *In*: LUNENFELD, Peter (Ed.) *The Digital Dialectic: New Essays on New Media*. Cambridge, MA/London: MIT Press, 1999. pp. 173-192.

SCHLÜPMANN, Heide. « Je suis la solitude: Zum Doppelgängermotiv in Der student von Prague ». *Frauen und Film 36*, 1984.

CARACTERÍSTICAS DESTE LIVRO:

Formato: 14 x 21 cm

Mancha: 105 x 170 cm

Tipologia: Times New Roman 10,5/14

Papel: Ofsete 75g/m² (miolo)

Papel: Couché Brilho 115g/m² (caderno de fotos)

Cartão Supremo 250g/m² (capa)

1ª edição: 2006

Para saber mais sobre nossos títulos e autores,
visite o nosso site:
www.mauad.com.br

Este livro, da MAUAD Editora,
foi impresso na gráfica Sermograf